相場の道

松辰遺稿・現代語訳注

林 輝太郎 著

同友館

なぜ松辰を取り上げるか

「伝説」や「奥義」などという言葉で飾られた古書は多いが、本物の相場書は少ない。その本物のうちの一冊、『成功相場大学』の著者である鈴木隆先生に、一〇年もの間いろいろと教えを受け、数え切れないほど食事をごちそうになった。先生が亡くなったあと、人を介して蔵書全部を二〇〇万円で買わないかという電話があったが、一足違いでほかの人に買われてしまった。しかし私自身も多くの相場書を保存しており、その中から鈴木先生の『成功相場大学』の訳注を「研究部会報」で紹介した。鈴木先生の文章に価値があるだけではなく、私個人の思いもあって手掛けたのである。

では、今回なぜ松村辰次郎を取り上げるかというと、明治以降、大相場師で本を書いたのは鈴木隆と松村辰次郎しかいないのだ。読めばわかるが、大相場師は確固たる信念と旺盛な行動力を持ち、優秀な売買技法を身につけている。相場で成功しようという意欲を持っている読者には、大いに参考になるはずだ。

松辰がこの本を書き始めたのは大正十五年（一九二六年）の冬で、何度も書き直し、まとまりかけた昭和六年（一九三一年）の夏に死去した。子息の松村忠次郎がそれを整理して、『松辰遺稿』として出版したのが昭和十二年(一九三七年)六月である。

私が持っている『松辰遺稿 相場の道』は、四六判、銀糸の布表装で本文が二三三ページ。昭和十二年六月十八日発行、定価一円五〇銭、著作者松村忠次郎、森山書店発行と書いてある。購入したのは日本橋人形町にあった相場の古本専門店で、値段は忘れたが相当高かったことだけは覚えている。「投資日報」の鏑木繁会長(通称、風林火山)から、ぜひ見せてほしいという申し出があった。それくらい貴重な本である。

松辰遺稿

趣意書

◇私は明治十一年の春、我が国の株式市場が生まれ出ようとする時、初めて五枚の国債を商いしました。それから今日に至るまで五十有余年間、株式や期米（注：米《こめ》の先物相場）の取引に従事したのです。

◇かえりみますと、はじめに少数の商いをしていたころは、自分の心持ちも極めて慎重であるとともにその商いには世間を刺激するほどの力はなく、だから世間に対して何の影響も及ぼさなかったのです。しかし自分の商いが年とともに発展して増大するに従って次第に世間の注目を引き、なにかれと市場の噂にのぼるようになってからは、商いの結果は単に自分一個人の損得のみにとどまらず、同業他社にも利害を及ぼし、ひいては直接的あるいは間接的に社会の公益を害するような場合も少なくなかったのです。

◇想うに、明治三十五、六年以降の私の商いぶりをみますと、社会公益上に資したことよりも、むしろ公益を害したことのほうが多かったのです。明治四十二年に大失敗を喫したあと振るわないのも、天の罰を被った当然の帰結と申さねばならないでしょう。

◇私ももはや老年で遠からずこの世を御免被ることでしょうが、せめてこの書を発行し、いくらかでもこれまでの罪を消滅せしめたいと思います。それとともに、私が踏んだ轍を後進の士が踏んで私同様の痛ましい失敗をされることのないようにしたいのです。

この書が、前者が覆るのを見て後者の戒めとなり、多少にても後進諸賢に資するところがあれば、私の幸これに過ぎるものはないと存じます。

これ敢えて慈に一書を著す所以であります。

大正15年冬

松村辰次郎識す

目次

第一編　開運論

序章　松辰遺稿「相場の道」現代語訳注を終わって

図書館で多数の相場書に出会った

松辰遺稿の現代語訳注は、私が経営する林投資研究所の会員向けに四〇年間発行している「研究部会報」に連載し、多くの人から好評を得た。三年以上にもわたる連載を続けながら私は、終戦直後に相場を勉強し始めたころを折にふれて思い出した。

私の相場生活は六〇年を超える。もちろん相場が好きである。相場の勉強を始めたころは上野図書館（国立国会図書館の前身。現在の国会議事堂脇に移る前は上野にあった）に一年くらい通い、相場の本ばかりを二〇〇冊ほど読んだ。敗戦後で、ちまたには本など無かった時期だったからだ。

取引所が正式に開所されたのは昭和二十四年（一九四九年）だが、私が初めて株を買ったのはその前年の昭和二十三年で、いわゆる集団売買という非公式の立会が行われていた時代だった。私はまぐれ当たりで儲けたことをきっかけに株の売買を一生やることになったのだが、多くの実践家と交流しながら真剣に勉強した。その一環で、多くの相場書を読んだのである。

上野図書館の次は大阪の中之島図書館にも通い、主にコメ相場についての本を読んだ。そんなある日、『八木龍の巻』の解説書に「商いの方法」と書かれているところが目についた。

相場は見込みの適不中いかんにかかわらず、
商いの方法だに宜しきを得ば、
必ず利益を博するを得べし

「だに」は「～さえ」だから、「売買の方法さえ良ければ利益になる」という意味である。

しかし当時の私は、これが相場技術論の始まりだとはわからなかった。そのころの私には、利益を生むために玉操作を行うなどという発想がなく、〝予測を当てる確率〟という枠でしか考えられなかったのだ。

私は図書館の窓から川を眺めたりしながら、相場についてひたすら考えた。帰り道に相場のことを考えながら歩いて道に迷い、タクシーで宿屋まで戻ったこともあった。

大阪にはコメ相場の貴重な本があるといわれていたので、必至になって探すうちにだんだんと手にする本の範囲が広がり、『堂島米商会所日記』まで見た。「見た」というのは、それが書かれた当時（明治九年～十九年）の日本語が難しすぎたので見ただけという意味だ。のちに関西大学経済・政治研究所の『堂島日記』を入手したが、資料としては貴重でも、こちらの目的である売買については書かれていなかったので、今も本棚に並べてあるだけである。とにかく、多くの本に出会った。

二冊の復刻版

古い本の中で、内容をつかみきれないながらも全部読んだのは『徳川時代 経済秘録全集』だ。安達太郎という人が編集し、松山房という出版社から昭和十六年（一九四一年）に発行されたものだ。目次を見ればわかるが、伝説として有名なものがズラッと掲載されている。

売買出世車　東白
三猿金泉録　牛田権三郎
八木虎の巻　猛虎軒
商家秘録　大玄子
米道大意　著者不詳
八木豹の巻　猛虎軒
宗久翁秘録　本間宗久
八木龍の巻　見幾館主人
増補諸色相場高下伝　玉江漁隠
ト筮貨殖考　井上鶴州

この『徳川時代 経済秘録全集』は、現在も私の手元にある。「玉栄宝資友の会」の中村佐熊氏が復刻したもので、奥付には昭和四十八年二月一日限定発行と記載されている。

中村佐熊氏は大阪門真市の人で、投資関係の本やレポートを出しながら、私に売買を教えてくれた鈴木隆先生の『株式商品 成功相場大学』(注)の復刻も手がけた。その本の五二八ページには、「林輝太郎先生有難うございました」と書かれている。はっきりとした記憶はないのだが、私が何かのことで便宜を図ったからだろう。

中村佐熊氏が復刻した本は私が知る限り、『徳川時代 経済秘録全集』と『株式商品 成功相場大学』の二冊である。江戸時代のものは貴重本として当然としても、鈴木隆先生の『株式商品 成功相場大学』は、やはり価値があると確信して復刻したのだろう。

そしてこの『松辰遺稿』にも同様の価値がある。

【注】『株式商品 成功相場大学』 個人相場師で大成功し終わりを全うした鈴木隆氏が、自らのノウハウを著作として残した。それを再編復刻し出版したのが大阪の中村佐熊氏で、大成功者の書いた本として貴重な一冊。絶版になったが、特別に増刷してもらって林投資研究所で販売している。

ずいぶんムチャをやる

松辰遺稿の第一編は「開運論」である。運といっても、運否天賦（うんぷてんぷ。運任せ）のことではなく、開運、相場運として「正しい努力を続ければ道は開ける」という前向きな考え方だ。この第一編は、「第一章 相場の道を研究する必要」「第二章 相場運の開拓」から始まっている。

運命論ではなく開運論であり、よこしまな考え（陰謀）は悪い結果しか生まない、そもそも私利私欲は慎むべきだ、と説かれている。

我々は極端に言うと、私利私欲で売買している。しかし、松辰の開運論を読んでも別に反発を感じない。日露戦争の開戦で株は暴落したが、これは「近い戦争は売り、遠い戦争は買い」という定石通りの動きで、松辰の言う「国家経済を害するもの」という考え方についても、そういう見方もあるのかという程度にしか感じなかった。少なくとも私にとって問題ではなかった。

しかし、「暴落の中でつけろ買いをして破産寸前の状態になった」というくだりを読むと、やはりムチャがあると感じる。

いずれにしても、売買する者として大切なのは言葉の遊び的な議論ではなく、「松辰は相場をどう考えていたか」「自分がそれをどう取り入れて、いかに進歩すべきか」なのである。

売買の判断基準

売買にあたっては、それなりに考える時間が与えられている。しかし考えれば考えるほど迷うのが人情で、単純な基準で即座に決断することが求められるのである。知的遊戯を気取り、多くの情報を集めてひたすら推理を巡らせる向きが多いのだが、単純な基準でないと実用性がないのは、世の中のあらゆる分野に通じる大切なことである。

さて松辰は、相場を張る際の大きな方向性、つまり売るのか買うのかという判断基準として、「公益」という考え方を用いたと解説されている。この部分は前述したように、どうもあやしいと感じているのだが、「私利私欲を第一に売り買いしなければ儲からないではないか」というストレートな考えを無理やりに退け、「情報がゆがめられているのではないか」という私の心配も無視すれば、極めて単純であるとともに、誤差が生じにくい判断基準だったと評価することもできる。これは私が感じたことではないが、周囲から言われて「真っ向から反論するのも難しいかもしれない」と感じた。

百歩譲ってその通り、つまり松辰が実践者として非常に実用性の高い判断基準を用いていた、それが忠次郎の筆で紹介される過程で私の心配が生まれた、とするならば、現代の相場に取り入れることも問題はないのかもしれない。

精神論を排除する

自ら手がけた『松辰遺稿』について、否定的な考えを紹介した。これは読者の「売買技術を向上させる」という目的に反することにならなければいいという思いからである。

上げ下げを繰り返す、その中で悩みや迷いが生じるという相場の本質は、昔も今も変わらない。そして、未来でもまったく変わらないものだと確信する。しかし『松辰遺稿』で取り上げられる事例は、もちろん現代の感覚ではつかみにくい出来事ばかりだし、心の持ち方を説明する言葉のひとつひとつもまた、どうしても古めかしい。

その中から現代の人間に役立つ考え方を拾っていくことが、現在の相場書籍を読むときにはない良さでもあろう。とはいえ、役に立たない精神論の世界に進んでいくことも、懸念されるのではないだろうか。

くどくなったが、これを読む個人投資家に柔軟な姿勢を持つよう提言する意味で、私の心配事をつけ加えておく。しかし自分の軸をしっかりと持っていれば、歴史から学ぶことの意義は大きいだろう。読者自身の技術を向上させるために、この本を活用してほしいと願う。

第一編　開運論

第一章　相場の道を研究する必要

相場の道を離れて事業も商売もない

普通の商売や事業で利益を得るには、①安い時に仕入れて高い時に売る、②安い土地で仕入れて高い土地で売る、③原料を加工して商品の形を変えて売る、これ以外に手はないはず。

ところでこのうち時間についてのもの、つまり安い時に買って高い時に売るというのは相場のことだ。相場といえば誰でもすぐ兜町や堂島でのイチかバチかの勝負を思い浮かべるだろうが、それだけが相場ではない。相場の意味はもっともっと広い。

紡績会社が原料の綿花を仕入れるのに、これから相場が下がると思えば在庫が少なくてもなかなか買い入れようとせず、ほんの当用買いしかしない。反対にこれから上がると思えばどんどん買い付け、自分の倉庫のみならず倉庫業者の倉庫までも使う。製品を売る場合も同様で、今後値が高くなると思えば綿糸や綿布を売り渋り、相場が安くなると見込めば先物で売りまくる。何のことはない、紡績会社の事業は相場を張っているのと同じだ。砂糖会社を見てもその通り。製品高や原料高を見越せば、台湾だけでなく遠くキューバにまで買い出しに行く。これも立派な相場行為だ。

銀行などは一見なんら相場に関係がないように見えるが、実際はなかなかどうして大いに関係がある。正金銀行（注：横浜正金銀行、現在の三菱東京ＵＦＪ銀行である東京銀行の前身）なんかは、対外為替相場に年中浮き身をやつしている。外国取引を扱わない銀行でも、コールレートの高下に対して頭を使っている。それのみか担保に取った品や物件の値下がりで担保が不足になってみなさい、たちまち銀行は増し担保を請求するではないか。そして、担保が足りなければ銀行はみすみす損をする。また公債でも暴落しようものならそれこそたいへんで、値下がり損の穴埋めに四苦八苦する。

こう考えてくると、どんな商売でも実際は相場を張っていることになる。いかなる事業の経営でも、相場の道の心だけは絶対に必要である。我々は恐慌の荒波にさらされてつぶれる銀行や大会社を見てきたが、全く相場の道の心得がないからこそ倒れるのである。

近代の相場は世界的で、理論上の知識が必要

今日の世の中は、すべてが世界的である。たとえば昔の軍隊は日本国内だけを守ればよかったが、今の陸海軍は北は北満、南は南洋委任統治諸島（注）までと守備範囲が広くなった。同じように、現在の相場界も国際的である。米国経済のことや国際的な需給を知らなければ、商品相場をやることができない。株式でも同じで、たとえばイタリアがエチオピアを攻略し始めるとたちまち日本郵船株が上昇した。公債市場などは国内の国債のみを取り扱っているようだが、そうではない。政府発行の外債の売買は、以前ならほんの三、四軒の証券業者だけに限られていたものが、今はどの証券業者も扱うようになり、さらに進んで満州国の公債も一般化してしまった。このように、相場の舞台も世界的になってきた。

【注】**南洋委任統治諸島**　太平洋の赤道以北の、第二次大戦敗戦まで日本領であった諸島。パラオ諸島、ヤップ島など。
昭和二十六年版『平凡社大百科事典』の記述は、下記の通り。

国際連盟によって創設され、列強の植民政策に一新紀元を画した国際法上および国際政治上の新制度。

世界大戦の結果ドイツが一切の権利を放棄した植民地は、従前の習慣によれば当然、戦勝国間に分割されるのであったが、ヴェルサイユ講和会議において国際連盟規約第22条に委任統治制度が確立されたので、同制度により同植民地並びにトルコより分離した旧領土は国際連盟の監督のもとに適常な条件を備えた国の管理または後見を受けることになった。日本は赤道以北、旧ドイツ領太平洋諸島を統治した。

また、現代は科学万能の時代である。飛行機、毒ガス、煙幕、高射砲はもちろん、海軍などでは高等数学を基調とした大砲の撃ち方をしているという話だ。何から何まで科学の応用である。同じように平和の中の戦争である相場界において、近代的経済知識が絶対に必要になってきた。たとえば、為替相場の暴落や暴騰は国内のすべての商品に大きな影響を与える。為替相場の知識や貨幣価値変動論の知識なしでは、仕事ができないのだ。

戦時の国策によって、重要産業は統一化されようとしている。よって相場には、商業政策の知識が必要である。会計学の知識がなければ会社の決算書が読めないし、不正を見抜くこともできない。近代経済学とは無縁だと思われるコメ相場においてすら、やれ実効米価がどうのこうのと騒ぐ。相場の科学化や国際化は、決して近代的軍隊に比べて遜色はない。相場を合理的、理論的に研究する必要があるのだ。

では、相場は理論のみで動くのかというと、そうとは決まっていない。

相場は経済戦だが理論だけではできない

軍隊がいかに科学の粋を集めた武器を持ち、どんな合理的作戦計画を練っていたとしても、それだけでは戦争に勝てない。列強が日本の軍隊を恐れるのは、決して武器を恐れてのことではない。こちらに化学兵器があれば、敵にも機械化された軍備がある。しかし、まかり間違って上海事変の時の爆弾三勇士(注)のような兵士が出現することが恐ろしいのだ。

【注】爆弾三勇士　上海事変中の昭和七年（一九三二年）、鉄条網を破るために敵陣に突入爆破して自らも爆死した三人の兵士。「東京日日新聞」と「大阪日日新聞」が使った用語で、「朝日新聞」は肉弾三勇士と称した。

つまり、日本軍の精神力を恐れているわけで、軍隊がいかに近代化されても精神面がダメでは役に立たないということだ。同じように、もし知識だけで相場ができるのなら、経済学博士は皆、大金持ちになっているはずである。

今、仮に科学万能主義で売買したらどうなるか……取組が多いからといって売り、米国が高いからといって買う、貿易不振だから売れというような売買では手数料ばかり取られてしまう。単に手数料の損だけではなく、財産をなくしてしまうだろう。よって、材料の理論的結論を直接、売買につなげてはならない。

タイミングとして、

自分が売り建てしているときに弱材料が出現し

自分が買い建てしているときに強材料が出る

ようにしたいのだ。

このためには理論だけではなく、精神的方面、つまり相場の道を研究する必要があるのだ。

相場の理論的研究と道との比較

前述したように、相場は「理論的見方」と「道」との二つに分かれるが、両者の比較は以下のようになる。

① 道は総論的で理論は各論的である

相場の道は株式でも商品相場でも同じで、皆同じコツで対処してよい。ところが理論は銘柄や市場によって違うし、時代によっても異なる。

② 道は一定不変のものだが、理論は時代によって異なる

道は徳川時代でも現代でも同じである。将来もそうである。しかし、相場の特徴は同一商品にあっても時代の流れとともに変化していくから、理論的観測の方法も変化し

ていく。

③　道は精神的、心理的であるが、理論的判断は具体的である

本書の目的

市場に出入りする者は理論を知っているだろうし、今述べたように時代により商品により変化していくものだから、松辰が筆を染める必要はない。千古不朽(注)の鉄則、すなわち相場の道こそ本書において研究するところなのである。

【注】　千古不朽《せんこふきゅう》　永遠不滅

第二章　相場運の開拓

虫がよすぎるようだが、相場において次のような展開を望みたい。

「自分が買い玉を入れたあとで強材料が出て、弱材料が出ても相場に響かない」

「自分が売り玉を入れてから弱材料が出て、強材料が出ても相場に響かない」

自分の力ではどうしようもないことかもしれないが、それでも自分自身の心がけや努力によって、そのような状況にもっていけると考えている。このような「運」をどう開拓したらよいのだろうか。研究してみることにする。

第一項　室究巣《むろきゅうそう》先生の開運論

武運の稽古

ある時、若い者たちが武芸の道場からの帰りに室究巣翁の家に立ち寄って、いつものように学問の雑談をしていた。そこで翁は、次のような話をした。

「武芸というものは武士の家業であるから、常に稽古に励まなければなりません。ただ武芸と武運とどちらが重いかというと、私は武運のほうだと思います。なぜならば、いくら武芸がすばらしい人といえども武運が尽きればそれで終わりだからです。

天正十二年、長久手で羽柴秀吉と徳川家康が戦った時、森武蔵守《もりむさしのかみ》は打物《うちもの》（刀）をもてば鬼武蔵といわれたくらいの武士だったのですが、駆け出したとたん銃弾に当たって即死してしまったのですから、武勇も武芸も振るいようがなかったのです。ですから、武運あっての武芸といえるでしょう。皆さんは稽古によって武芸を身につけているのですから、それを生かすために武運の稽古をするべきです。

武芸の稽古は皆さん、先生について習っているのですが、武運の稽古については教えてくれないでしょう。私はそれについてよく知っているのです」

直ちに、門人から質問が出た。

「先生の仰せですが、武運の稽古とは何だかわかりません。人力の及ばないことだからこそ、武運というのではありませんか。もし稽古で武運が得られるなら、誰だって稽古をするはずです」

すると翁は、「いや武運こそ稽古が必要なのです」と答えた。

質問をした門人が「ならば、その理由を説明してください」と聞くと、翁の答えは次のようだった。

「皆さん、よく考えてごらんなさい。運は、天から来るのです。『運は天にあり』などといわれます。とにかく、天に祈るしかないのです。天の心にかなおうとするならば、天は何を望んでいるのか、何を嫌っているのかを考えなければなりません。私が考えるに、天は仁を好み、不仁を嫌い、信を好み、不信を嫌います。ですから人は仁と信があれば、天の心にかなうことができるのです。天の心にかなえば、天の保護があります」

善悪の報

するとと、次の質問が出た。

「武運の稽古という新しい考え方を聞いて、感心しました。これから忘れずに励みましょう。ただ、世の中には仁にして信ある人に禍が来たり、不仁不信の人が金持ちになることもあります。孔子の弟子の顔回《がんかい》は大賢人でしたが貧乏で早死にし、盗《とう》路《ろ》は盗賊でありながら富んで長命でした。先生の言う武運の稽古というものも、少し疑わしいのです。これをどう説明されますか」

この問いに対して、翁は答えた。

「善をすれば福が来る、悪をすれば禍があるというのは正論です。聖人は正論を説いただけで、例外もあるわけです。たとえば、病気をせずに長生きしようと思えば常に酒色をいましめて摂生しなければなりませんし、出世しようと思えば職務に忠実でなければなりません。しかし、摂生して早死にする人も不摂生して長生きする人もいます。だからといって、『摂生してもしなくても差し支えない』とはいえません。よく働いたのに不幸にして出世しない人もいますし、働かずに出世する人もいます。だからといって『よく働いても仕方ない、怠けていてもよい』とはいえないのです。やはり、摂生は長生きする道、勤勉は出世の道だというのは、不変の道理なのです。

皆さん、よく考えてごらんなさい。何事でも、偶然を当てにせず合理的に進めるのが当然でしょう。その時の調子に乗って、偶然の成功を狙って方針を定めることはありません。だから、『善は福となり、悪は禍となる』というのが当然なのです。孔子や孟子などの聖人たちは、結果には言及しなかったのです」

天定まって人に勝つ

「天は必ず人に勝ち、邪は正に敵し得ないのです。一時的に悪が勝つように見えても必ず天罰にあたって身は失せ、家は滅ぶ。詩経には、『天の威を思い、時に之を保つ』とある。よって常に天を恐れ、身を慎まなければならない」

これを相場に当てはめたらどうなるか。まずは、『八木虎の巻』の開運論を紹介しよう。

第二項　『八木虎の巻』の開運論

松辰が、大阪にある株式や公債の取り次ぎと金融業を兼ねていた井上保次郎氏のところで働いていたところ、古い郵便切手を集めることが流行していた。当時、古切手が高く売れたからだ。そこで、大勢の店員が古切手を集めるために倉庫に入った。その時、偶然見つけたのが『八木虎の巻』という本だった。

【注】　八木虎の巻　「八木三巻」ともいわれ、三冊ある。その名称、著者、発行年は下記の通り。
『八木虎の巻』猛虎軒著、宝暦六年（一七五六年）
『八木豹の巻』猛虎軒著、安永二年（一七七三年）
『八木龍の巻』見幾館主人著、寛政十年（一七九八年）

八木とは、米という字を二つに分けたものである。徳川時代には、相場といえば期米

(コメ先物)が代表的だったのだ。その本は木版刷りの小冊子で、私(忠次郎)は今でも持っている。読んでみても、特に名言や卓説があるわけではない。はじめは「何だ、つまらない」と思ったが、何年か経って相場の経験を積むに従ってその本の価値がわかってきたと、松辰は私に話していた。

松辰の死後に本を整理したら、この『八木虎の巻』の抜き書きが何冊か出てきて、彼がこの本をいかに愛読していたかがわかった。そして、本の内容を次のように褒めている。

「この本を広く解釈すれば、商家はもとより経済財政のすべてを網羅している。上は政治より下は農工はもちろん、すべての芸術まで根本の真理・奥義が言い尽くされているものと思われる」

では、実際の内容を見てみよう。『八木虎の巻』には、次のように書かれている。

① 米相場が、あらゆる商売の元である。食物や人間の生活の大本であり、毎日の仕事と最も関係が深いものである。

② 毎年の豊作や凶作に従って上げ下げがあり、それを売買するのであるから、正直を第一にし、天の道、自然の理にまかせ、絶対に強欲非道なことをしてはならない。

この文章がどうして相場の開運論になるのかは表面だけではわからないが、これを基にして松辰の大法則が生まれたのである。

第三項　松辰の大法則

『八木虎の巻』の説について、松辰は次のように説いている。

○　正直とか天の道とかいう言葉は、倫理や哲学の範囲である。

○　科学的な時代になっているので、一七〇年も昔の本が現代の株式、期米の売買に本当に役立つのだろうか、なんだか遠回りしているようだと感じるのは確かだ。

○　しかし、私が若い時から長い間行ってきた株式や期米の商いを振り返ってみても、利益があった時はこの本の主旨を守っており、損失になった時は主旨に背いていたことがわかる。

○　明治二十八年（一八九五年）、ちょうど日清戦争が終わるころ、ふと取引所の設立目的を考えたところ、次のような結論に達した。

法則

① 取引所は、万人の利便を図るために設立された公共機関である。

② 大量少量を問わず、すべての需要供給の取引を円滑にし、公正なる取引値段を確実に、また迅速に定めるところである。

③ 故に、従事する者はすべて国家的な考えを基にし、公益を主として私利を従としなければならない。

④ 売買が公利に反すると思うときは商いを休むか、または損を覚悟で公益を優先する心掛けが必要である。

⑤ しかし本当は公私の利害が一致するはずであり、一致しないのはどちらかが誤っているといえよう。

取引所そのものがすべての人の利便を目的とした公共機関なのだから、すべての関係者が公益を主とし私利を従としなければならない。私はこれを守って利益を得たが、これに背いた時には失敗した。

万人の利便とはどういうことか

○取引所では、価格の変動に対する調節機能が最も大切なものだ。

○物価に激変があれば、一方に利益があるとともに他方には必ず損害が生ずる。

○故に、不時（突発的）の利益があるよりも、むしろ不時の損害がないことが、公益の上から考えれば良いことである。

○株式が大暴落すると財産評価の減少となって家計に差し支えが生じ、迷惑を受ける者が多く出て利益を受ける者は少ない。反対に異常に暴騰すると、その原因のいかんにかかわらず、人気が平静に戻るときは反動の暴落となり混乱を起こすことになる。

○よって、極端な上昇や下落は弊害が多く利益が少ないので、避けるようにしなければならない。しかし、変動してはいけないというのではない。経済界は常に動いており休むことはないので、価格が動くことは差し支えない。適正な値段を維持しながら変動していくことが望ましいのだ。

○次に、米相場について述べよう。日本の国民の主食は米で、一日も欠かせない天からの授かり物だ。

しかしその価格については、生産者と需要者の間に利害関係がある。少々不作でも価格が上がるから生産者にとっては良いが、消費者は生活を脅かされるし、ほかの物価にも影響して多くの弊害が生じる。これに反して米価安は、消費者にとって結構なことであっても、生産者にとっては、税金、肥料、労力、賃金などの生産費を差し引くと損になり、農村の疲弊に至ることもある。

○このように豊凶による米価の変動は仕方がないものの、商いを成す者は道徳的に正しい道を歩まなければならない。

○国家的観念のもとに公益を主とし私利を従として商いする以上、もし公私の利益が相反すると思うときは、商いを休むか損を覚悟で公に従うのが人の道であると私は思う。

第四項　松辰独特の奇妙な算盤

松辰は続いて次のように説いている。

○公益を主として考えると、天井や底値は社会に害を与えることになる。

○だから、利が乗った建玉を天井や底まで待って手仕舞いするのは相場道に反することになる。その手前で手仕舞いしなければならない、ということになる。

○これを実際に行うのは、ばかばかしいような気がする。相場はまだまだ安いと思っても売り建てを手仕舞い、取れる利益を取らない。また買い建てして利があるときも、これ以上相場が上がれば公益を害すると思えば、たとえなお上がって利益が得られそうでも手仕舞ってしまうという、誠にばかばかしいと思われることをするわけである。

○また安値で新規に仕掛けるときでも、これ以上の下落は公益に害があると認めたときは売らずに買いにまわるのだから、必ず引かされる。またこれ以上の上昇は公益上、害があるというときは買わずに売りにまわるのだから、初めから不利となるだろう。

○　このように公徳ということを考えて商いをしていると、利益が少なくてなんだかつまらないように思われるが、実はそうではない。

○　不思議なことに私の経験によると、この「社会のため」という気持ちで商いをしていると、大損をしたと思ったときでも計算してみるとそれほど損をしていない。ただし、儲かったと思ったときでも利益は意外に少ないものである。

○　しかし、とにかく損の割合が非常に小さいため、安心して仕事としての売買ができるのである。

以上のように、松辰は実践上で公私経済の一致を唱えている。

そして、さらに次のようにも説いている。

○　そもそも、いかなる場合に商いをするべきかということを考えてみる。もちろん

高いとき、これより下がるとき→売り

安いとき、これより上がるとき→買い

という簡単なことなのだが、これは私経済のことでありながら、公経済においても

同じといえる。

○　国家経済上、これより安ければ害になる場合、その安値を買うことは相場の下げを食い止めることになり公私ともに結構といえる。

○　高いときに売るのは、その高値が社会経済上の害をなす状況で売るのだから、その上げを食い止めることになり良いことといえる。

○　しかし、今が安いと思って買ったのにさらに安くなって投げることになったり、また、これから高くなると思って買ったのに下がってしまって大きく損することが、よく見受けられる。

○　よって、商いを仕掛けるには、十分に相場の居所や環境などを確かめておくようにしなければならない。

松辰は公私経済の一致を説き、次に見込み違いが公経済に及ぼす害毒を説いている。さらに、見込み違いは浅はかな考え方と強欲によるものだといっている。

注意すべきは、「国民経済上、害になる相場」の意味だ。単に「行き過ぎ相場」の意味だけではなく、上がるべきものが上がっていなかったり、下がるべきものが下がっていなかったりする状況も、国民経済上有害になるのである。

第五項　知らずに陥る強欲

○強欲は何事についても起こりやすく、しかも当事者は自分が強欲な状態に陥っていることがわからなくなっているものである。

○取引においては、いつの間にか強欲になっているのだ。

○とはいうものの、強欲を禁じろといっているのではない。

○むしろ欲望がなかったら、活気も進歩もなく衰退・滅亡することになってしまうのである。

○要は社会に利があり、なお自分とともに益するという欲はなんら差し支えないということだ。むしろこれを奨励し、社会の進歩繁栄に尽くすべきなのである。

○ただ、他人に迷惑を及ぼす強欲は控えろということなのである。

兜町や蛎殻町に出入りする人ならば、強欲が自分の相場に不利な影響を及ぼすくらいのことは十分に承知しているものの、つい欲張りすぎて失敗する。そして、「欲を出しすぎた」と後悔するのである。

それだけに実行困難だが大切なことなので、松辰はこれを戒めていると思われる。

第三章　大法則と松辰実践物語

第一項　期米相場実践物語

松辰遺稿には、彼自身が実践した話がほとんど出てこない。松辰が原稿を書いていた時、私（忠次郎）が「法則を述べたら、実践談も書いてください。法則だけではわかりにくいこともあるし、ピンときません。でも、実例があるとわかりやすいのです」と頼んだ。すると、次のような返事だった。

「いや、実例を挙げると、その例のようなときにしか法則が通用しないと読者が誤解する恐れがある。それに、失敗した例を挙げたら反対の成功した例も挙げなければならない。失敗した例を挙げるのは差し支えないが、成功した例は自慢しているようでどうも困る」

このように、いつもの謙虚な癖がでてくるので困ってしまう。

ところが、この「強欲」に関してだけは、簡単だが実践談が書かれている。それだけに「強欲」はとても重要だということがわかる。このことについて、以下に書いてみよう。

○買い方に比べて売り方は、思惑の程度が比較的少なくなりがちである。

○買い方は現物を手持ちして、さらにすべての限月に買い玉を建てることができる。しかし売り方はそれほど思惑を大きくすることはできず、ある程度以上の思惑を張ることは制限されてしまう。

○しかし売り方としても買い方と同様、たとえ絶対的な量は少なくても取組高に比べて建玉が多くなると、あとあとの駆け引きがうまくいかなくなるから慎まなければならない。

○私はある年、期米の売り方になっていた。自分としてはそれほど多く売っているつもりはなかったのだが、市場の取組が少なかったので売り方の筆頭になってしまったのである。

○そして当限になったが、現物の手当が少なかったのだ。買い方にそれを見抜かれ、踏み上げせざるを得なくなり、さらに納会に正米師(注)の新規買いが出て、私の建玉は大きな損になった。

【注】 正米《しょうまい》　俵に入った米《こめ》の現物のこと。正米師《しょうまいし》は米の現物の売買を生業《なりわい》とする者。現物屋。現物筋。

この時の松辰の苦戦は、大変なものであったらしい。古老の話では、当時は正米の輸送は船によるのが商習慣であったにもかかわらず、時間がかからない鉄道によって荷をどんどん東京に集めたこともあったという。

目的のためには手段を選ばないというマキャベリズム（権謀術数）が大嫌いな松辰も、背に腹はかえられずに策略を用いた。産地から小口で集めたものをためておいて一度に出荷させ、買い方を驚かせるようなことをしたこともあったらしい。これについて松辰は次のように言っている。

○ しかし現物攻勢で相場が暴落すると、買い方は正米を抱えている上にほかの限月にも買い玉があるのが普通なので、意外な大損失を招くことになる。

○ また売り方は、当限を高値で手仕舞って損をしているので、中限《なかぎり》については現物を手当てしているのが普通だ。しかしそれも損になってしまうし、先限は当限の高騰で売り玉が少なくなっているため予定通りに下がっても大きな利益を得られず、全体としては損になってしまうのである。

○このように、私経済上からいえば売り方も大損し買い方も利益を得られず、国民経済上からしても平地に波乱を起こしただけで、流通が混乱して社会に害毒を流すことになってしまう。

○この原因は、売り方が無理をしたためだ。売り方が正米の手当てをするか、先の限月に乗り換えればよかったのだ。それなのに欲にかられてそのままにしたり売り増ししたために、売り方と買い方の両方が損する結果になったわけである。

○要するに、売り方、買い方のいずれを問わず、多量の思惑を張ると利益は少なくて損が多く、さらに流通が混乱する。強欲の結果、社会的損失を招いたことになるもので、断じて制止すべきものといえよう。

松辰といえば、誰でも明治四十一年の米の大買い占めを思い出すくらいである。その時は後始末に何年もかかり、多くの人に迷惑をかけた。

このように、強欲は社会悪ともいえるものなのである。

第二項　不時向《ふじむ》かいの大買い物

私（忠次郎）が亡き父である松辰から聞いたままの実話を、ここに述べよう。

限月短縮問題の不意打ち

明治三十五年二月、大阪株式取引所仲買人をやめて東京株式取引所に移った（そのころは、一般の証券会社のことを仲買人といった）。当時、松辰は弱気で売っていた。ある早耳筋の人が松辰に、「なんだか最近、農商務省の人が東株について調べていますよ。たぶん良いことなんでしょう」と言ったが、それが大変なことになるとは松辰は考えもしなかった。

六月三日、松辰は初めて洋服を着て立会場に行った（そのころは和服に前垂れ掛けで立会場に行く人が多く、立会場に洋服姿は少なかった）。前場は多くの銘柄が二〇～三〇銭安程度だったが、最終立会の東株のセリになると突然気配が悪化し、前日二〇一円ドタ

（二〇一円ちょうど）だった値段が一九〇円ヤリ（売り）、一七〇円ヤリと下がった。みんな理由がわからず顔が青くなり、凄惨鬼気迫り、先物は一気に五一円安の大暴落となった。

さらに翌朝になると、新聞各紙が限月短縮の実施を一斉に書き立てたので相場は一層下落し、その日には一二〇円八〇銭で引けた。暴落前日の引値に比べて八〇円安となったのである。実は暴落の日の朝、限月短縮のことが官報に掲載されていたのだ。この事件をきっかけに、兜町の証券会社でも官報を取るようになったという。

さて当時、松辰は売り方にまわっていたのだが、この突発事件では「不時に向かえ」という格言通り、当時は可能だった〝つけろ買い〟(注)をし、三日間で松辰の売玉五〇〇〇～六〇〇〇枚はたちまちドテン三〇〇〇～四〇〇〇枚の買いに変わった。この大騒ぎの日の出来高が七〇〇〇枚だったから、取引所の出来高の半分は松辰の買いだったことになる。

【注】つけろ買い　一定の価格で、場に出た売りものをいくらでも買うこと。また、そういう内容の注文。（林知之著『実践相場用語事典』から）

この時点では大ざっぱに計算して、ドテンの前に売りで得た利益の三～四倍の損になっていた。幸い五日からはあまり下がらなかったが、苦労はまだ続いた。

その後は商いがバッタリ薄くなったので、松辰が手持ち株を売れば自分で相場を崩すことになるので売れないという状態になり、ついに買い玉を持ち続けることにした。しかし商いはますます細り、一日平均二〇〇〇〜三〇〇〇株、時にはたったの一七〇〇株ほどだった。東株の当限は空回り（出来高ゼロ）が続くこともあり、乗り換えすらできなくなった。だから納会では、一日の出来高の約半分にあたる現物を受けなければならないほどだったのである。

こうなると銀行を頼るほかはなかったが、取引所に納めた追い証のために銀行へ差し入れる頭金もない。また、大阪から東京に来て間もないので東京の銀行は貸してくれず、ようやく大阪の銀行から借り入れて受渡をした。その後は次第に相場が戻ってきたので、ホッと一息ということになった。

失敗の研究

問題は、この松辰の大商いのどこがいけなかったのか、なぜこのような散々な目に遭わなければならなかったのかだ。それを考えてみよう。

(1) 松辰の大法則からみると

① 思惑の量がいかにも多すぎる。長期にわたっての思惑ならば分量が多いのは当然であるが、もともと不時向かいの商いで単なる小すくい商いと考えるべきものだった。それなのに、たった三日間で取引所の一日の合計出来高の約半分に相当する株数を買うというのは、あまりにも量が多かった。

② 相場の居所が低すぎて国家経済に害になるようなときならば別だが、単なる限月の短縮という制度変更に対する悲観で相場の居所が変わることが公経済を害するものだったかどうか、すこぶる疑わしい。

③ 松辰本人は、この日までは弱気で売っていた。それを一日で手のひらを返すようにドテン買い越しして、なおかつ〝つけろ買い〟をするとは、それこそ「礼」に背くものである。

(2) 経済的に見た失敗原因

「不時に向かえ」は、たしかに相場実践上の格言である。しかし、相場の格言は次の二種類に分けられると思う。

① あとあと影響するもの

② ほんの一時的にしか相場に利かないもの

「不時向かい」は、後者の一時的なものにのみ用いるべきである。この時の松辰の不時向かいは、利益を目的とした行動として不利ではなかっただろうか。

第三項　利ザヤ稼ぎから日露戦争開戦へ

利ザヤ稼ぎが思わぬ災いの種をまく

明治三十六年ごろ、金利が大きく下がって株は上がった。松辰もこの金利安を見逃さずに株高の波に乗り、郵船、山陽鉄道、関西鉄道、九州鉄道、参宮線など堅い銘柄ばかりを現物で買った。さらに金利は下がり、銀行の貸出金利が株式の配当利回りよりもはるか下になってしまった。
松辰がそのころ銀行から借りる際の金利は、日歩一銭五〜六厘ほどだった。年利では、六分以下である。ちなみに松辰は、一年を三七〇日として利子を計算していた。手形を書き換える時に金利が「おどる」(注)からである。

【注】おどる　手形の最後の日と次の手形の最初の日が重なって二重の金利を取られることをいう。現在の制度では、このようなことはない。

当時、郵船や鉄道株を担保にすると、銀行は掛目八〜八・五割で金を貸してくれた。松辰は現物を受けて、それを担保に金を借り、その金でまた現物を受けるという具合に、銀行貸出金利と株の利回りとのサヤ稼ぎに夢中になっている間に次第に建玉が増えていったのである。
そのころは、手持ち株、担保株、取引所の建株を合計して日本銀行兌換券《だかんけん》発行高の一〇〇分の一を超えてはならない、また取引所出来高の二倍を超えてはならないという二つの制限があった。しかし増加し続けた松辰の手持ち株と担保株に東京、大阪両取引所の建株を合計すると四万五〇〇〇株になっていた。東京の取引所諸株の合計出来高は一日平均一万株だったから、その四倍半の量だった。

松辰はそれに気がついて、静かに玉整理を始めた。しかし、ちょうど日露間の交渉が不調になり、戦争になりかけていた時だったのである。

因果の買い玉整理

新聞は日露交渉の記事を大きく取り上げ、今にも戦争が始まりそうな論調で書いていたため、松辰は焦って整理を急いだ。値段に構わず売ったのだ。明治三十六年十二月十六日の元老会議前後からは、政府筋の売りものが出始めた。さらにちょうちん筋が売るので、相場は暴落した。

明治三十七年の大発会。半日立会なのに主力株は皆一〇円くらいずつ安く、東株は二五円も安かった。

当時、市場の人気は次のようなものだった。

「事態がここまでくれば、日露開戦は避けられないだろう。そして、兵数、財力、兵器のすべてでロシアは日本に勝っている。もし極東の小国である日本が北欧の巨大国ロシアと戦えば、もちろん負ける。勝ったとしても、相当大きな打撃を被るに違いない。朝鮮・満州で日露戦争が始まったら、株は〝売り〟しかない」

世論は外務省の弱腰を非難し、桂首相を攻撃した。

市場では松辰に資金が無いことを見越して解け合いを申し込んだが、松辰はそれを突っぱねた。そして、「いつ松辰が店を閉めるか」「それまでは売りまくれ」という人気になっていた。

実際、松辰にはまだ二万株もの買い玉があって苦しみに耐えていた。その時、二月五日の殺人的下げが起こったのだ。

松辰死地に入る

当時、限月の短縮は次第に復旧の気運に変わり、米価は騰貴しつつあったにもかかわらず株式はまだ低位にあったので、株の上昇が予想された。

そんな状況ではあったが、松辰は大法則である「分をわきまえる」ことをせず、資力以上の買い玉を建てて利ザヤ稼ぎを行った。事業家でもない一相場師があまりにも多くの玉を抱えること自体が、『八木虎の巻』の「強欲」の危機に落ち込んでいたのである。

大手筋の失策は影響が大きい。失敗した本人どころか関係者全員が苦しむ。相場師としての社会的責任放棄といってもよい。もし松辰が日露開戦前に東株出来高の何倍もの買い玉を持っていなかったら、あれほど相場は下げなかったかもしれない。その大きな買い玉を投げて市場を混乱させたことで社会に害毒を流し、戦時の蔵相などの当局者にも心配をかけたのだから、無理な大商いの弊害は大きいといわなければならない。

銀行は勝手である

ついでに、銀行について述べておこう。松辰は次のように書いている。

「銀行が金融緩和を目の前にして投資先を見つけられずに焦り、貸出を喜び、一流手形、一流担保付貸出に懸命になる。そして、後日その反動で貸出を渋るときがきて諸株が暴落をみせるのは明らかであるから、長い期間の銀行借入は慎まなければならない」

銀行はとても勝手である。金融緩和で銀行内にカネが遊んでいるときには、信用ある会社や商社に金を借りてくれと頼み込む。そこでいい気になって借りると、あとでえらい目に遭う。すなわち金融緩和の裏が出て金融が締まってきたら、銀行はたちまち手のひらを返すように返済を申し入れてくる。また担保物件が値下がりしたら、すぐに増し担保を要求してくる。こういうときには得てして借りているほうは、返済どころかさらに新規に借りたいくらいなのだ。

「美しいバラにはトゲがある」とは、よくいったものである。

第四項　松辰の株式起死回生戦物語

松辰は、自分の商いを人に話すことを嫌がっていた。謙虚だったので、成功談を他人に話したことなどはなおさらなかった。だから、遺稿には成功談が書かれていない。私も亡父の遺志を尊重したいのだが、松辰の大法則が役に立つことをはっきりさせるために少し書くことにした。

驚天動地の大血戦

時は明治三十七年二月五日、この日の中外商業新報を調べてみたら、

英国調停せず

露国交戦準備

露兵入韓せんとす

御前会議

などの見出しがあり、まさに日露開戦は目前という雰囲気だった。前場では早くも開戦予想の人気がものすごく、殺気立って高台の大声が響き、「七円ヤリ…六円ヤリ…四円ヤリ…」と、相場は刻々と崩れていく。その時、大きな買い玉を持っていた松辰は、買い玉を投げようかどうしようかと考えていた。

しかし意外なことに、それまで傍観的な態度だったリュウゴ印商店主の福島氏が、自

ら買いの手を振ったのだ。周りは売り手ばかりなのに、敢然と「つけろ買い」をした。ここに、かつてない一大血戦が始まったのだ。

松辰は市場の隅から福島氏の手振りを見ていたが、下がりかけていた呼び値は見る見る反発し、東株は前日比五円安で止まったのだ。福島氏によるこの一場の買いものは、五〇〇〇株といわれた。

当時の相場表は次のとおり。

	東株	郵船
36年12月16日	180円10銭	83円90銭
37年2月5日	125円80銭	58円70銭

この日の後場の立会は遅れて、午後四時半から始まった。しかし前場にもまして売り手が多く険悪な空気で、「ヤリ」の声ばかりだった。福島氏がどうするかが注目され、松辰も降参するかと思われていた時、松辰が渦の中に飛び込んで買いの手を振ったのだ。

松辰は、あまり商いがない日鉄株をはじめ、片端から「つけろ買い」したのだ。この一場の買いは松辰五一〇〇株、福島氏二五〇〇株に達し、それがために相場は小戻した。

当時の「中外商業新報」には、次のように書いてあった。

「場が終わった後は誰一人としてろくろく物を言う者はなく、ただ互いに顔を見合わせるのみ。急に寂然たる光景と化して物凄く、市場をいく者をして何となく血なまぐさき鮮血の鼻をうつかと怪しましめたり」

いかに激戦であったかが推察できる。そして翌六日は、帳簿整理のために休場となった。こうなると、六日の休会中でもひと騒ぎだ。福島氏の買いものといい松辰の買い増しといい、何か秘密があるのではないかと大騒ぎになったのだ。福島氏の買いは結局、政府筋による時局を考えての防戦買いとわかったが、松辰の大買いものがわからない状態だった。松辰は人嫌いのため客の注文をすべて断って受け付けなくなっていたので、顧客の注文であるはずはなかった。そういったことが知られていたし、破産寸前の相場師に資金を貸す人はいないという認識もあった。よって、いろいろな憶測が飛び交った。

ところが松辰は日清戦争の苦い経験から、すべての戦争相場は初めが安くてもあとは高いものだと思い込んでいたから、抱えきれないほどの買い玉を整理しながらも次の買いチャンスを狙っていたのである。

公に殉死の覚悟が松辰を蘇らす

この時、政府の役人が松辰の店に現れた。そして「どうか公債(国債)を買ってください」と頼んだのだ。

日本は当時、ロシアを敵にして戦争をしようとしていた。政府は、経済界は大混乱、金融界は大逼迫、人心は不安におびえると考えて戦費調達に走りまわっていたが、全く話がまとまらない。仕方なく、政府の役人が兜町の取引員を一軒ずつ訪問しながら、国のために国債を買ってください、と拝み倒していたのだ。

その時、松辰は次のような返事をした。

「私は国債はいりません。愛国心に訴えて国債を売買するなんて、あまりにもけちくさい。それならば、寄付をします。寄付金なら政府の腹は痛まないでしょう。いま小切手を書きます」

こう言って、額面一万円の小切手を役人に渡した。

そのころの一万円は現在(昭和十二年、編者注)の何十万円にも相当する。五〇〇円でも政府に寄付すれば新聞に大きく載るくらいだったのに簡単に一万円もの金額を寄付したのだから、世間の人が驚いたのも無理はない。特に慌てたのは兜町の連中である。

今まで〝松辰殺し〟とばかりに売りを浴びせていた連中は、前場の福島氏の横やりに驚き、後場の松辰の逆襲に胆を冷やした。そこに、大金を持っているはずのない松辰が何の惜し気もなく政府に献金したので、松辰がいったいどのくらい金を持っているかわからないという恐怖心から買い戻しを急ぎ、市場の人気は一変した。

その直後、九日の後場に号外が出て、仁川沖でロシアの軍艦ワリャーグ号とコレーツ号が撃沈されたとのニュースが伝わったので、市場は沸き立って東株は四八円高、郵船は一五円高になるなど大暴騰となり、松辰は胸をなでおろしたのである。まさに天祐(注)であった。

あとになって父である松辰に聞いてみたら、「なあに、軍人は国のために死んでいくのに、同じ日本人で国家存亡のときに戦費を出し渋るなんておかしいではないか。だから政府に献金したのだ」と言った。

【注】天祐　天佑。てんゆう。天の助け

起死回生の一石と大法則

振り返ってみると、松辰の一代の大苦戦はこの五日の後場の大買いものであるが、この時の市場は国家経済を害するものだったといえる。国家の非常時であるから財界もショックを受け、それを反映して相場が下げたのは当然としても、あまりにも安値まで下げたからである。財界を指導する立場にある株式市場が狼狽しては、混乱がひどくなるだけだ。だから政府も、戦費を割いてまで株の買い注文を出したのだ。そういったことから、松辰の五日の買いはたしかに「松辰開運の法則」にかなっていたのだ。

またその時の買いは、本間宗久の『三位の伝』の中の「四つ転じ」に適応していたといえる。同時に、『商家秘録』「五常の説」の中の「仁」にかなっていたのである。

第四章　相場関係者と大法則

松辰の大法則には、次のようにある。

「取引所は万人のために設立された公共機関であって、取引所理事長はじめ重役たち、取引員、株主、相場師の独占物ではない」

これをつまらないこととか当たり前のことだと思うのは、上すべりした解釈である。だが、いざとなると忘れてしまうものだ。だから、松辰はわざわざ箇条書きにしたのである。

以下に実例を示そう。

第一項　主務省の部

明治初年の大検挙、株式界に半永久的打撃を与う

明治初年の大検挙

松辰がまだ大阪の小学校に通っていたころ、母の言いつけで取引所にいる松辰の父のところに使いに行った。

その日は朝から、取引所の裏を流れる川にたくさんの舟がつないであった。おかしいなとみんなが思っていたところ、立会の最中に警官が大勢入ってきて、取引員の主人や店員をはじめ小僧に至るまで全員を捕らえて舟に押し込んだ。松辰の父も松辰自身も警察に引っ張られた。松辰は小学生だからすぐ放免になったが、松辰の父は二、三日拘留されてしまった。その原因が主務官署の役人が相場を賭博と間違えたからだとわかり、あきれかえらざるをえなかった。

しかし、このことをナンセンスと笑ってはいられない。この事件以来、日本の取引所は引き続いて誤解を背負うことになったからだ。

当時、大阪の取引員の顔ぶれを見ると、財界の第一流の人たちだった。すなわち、三井、鴻ノ池、住友などの人たちが自ら取引員の看板をかかげていたのだ。しかしこの時の検挙で震えあがって「相場は恐ろしい」という考えを持ったため、財界一流どころはそろって手を引いたのだ。入れ替わりで名もない連中が取引員となったのだが、そのために取引員の社会的地位や信用が落ちてしまった。

最近は取引員の地位が向上し、銀行が証券会社を設立して東株（東京株式取引所）国債市場に加入しているが、やはりまだまだ社会的地位という面では、米国のウォール街に比べて見劣りがする。これは明治初期のこのつまらない検挙事件が原因と考えられ、惜しいことであったと思われる。

相場と賭博の相違

この事件は明治の初期で経済知識が低い時代だったから仕方がないとしても、大正時代の初めのころに松辰が兜町に行き橋本煙草店で座って話し込んでいた時、警官が踏み込んできて検挙されたことがある。何もしない者を検挙するのは、警官の職権乱用である。

賭博は刑法第一八五条に「偶然の輸贏《ゆえい》」を争うものとあるが、相場は偶然を争うものではなく、理論上の根拠があって売る者と買う者が現れるのである。偶然を争うか経済道理を争うか、そこに賭博と相場の根本的な相違がある。

松辰遺稿では、次のように説いている。

○江戸時代の帳合商いとは、現代の長期取引と同様の帳簿記載による先物取引と思われる。

○すべての物価は、需要供給の関係によって支配されることはもちろん、価格の上下はソロバンによって割り出されているのだ。

○世の人が相場というものはソロバン以外のもの、いわゆる理外の理というが、私はいかなる上昇も下落もすべて算術の人気によるものだと思う。

○相場はすべて合理的に動くということを知らないために、官庁その他の圧迫で円滑なる需要供給が少なからず乱されるということは、万人の利便という見地からして、誠に苦々しいことだ。

相場は生産業なり

昭和十一年、東京朝日新聞の記者が、株の売り方の一部策士と共謀して株を売り崩す目的で取引制度などについていろいろな疑問点を紙上に掲載したため、立会停止になった事件があった。その記事には、「政府は過当投機抑制のために……」という一節があった。

私は、この「過当投機」という言い方が気に入らなかった。投機に過当なんてあるはずがない。また、投機を抑制するなんてできるはずがない。投機は、何も兜町や堂島ばかりにあるものではない。投機を取り締まるなら、紡績会社の原綿投機、砂糖会社の原料投機など仕入れ販売のすべての産業を停止しなければならない。もともと資本主義は投機によって発達してきたものである以上、投機抑制はそのまま産業破壊を意味するのだ。こういったことは、机にばかりかじりついている役人がよくする考え違いである。「相場は生産業である」との認識がないからであろう。

純経済学的には、相場は生産業である。少し理屈っぽくなるが、生産とはutility（効用）の創造または増加を指すもので、安きを買い高きを売る、すなわち効用少なきときに求め、効用高きときに供給するという具合に、効用を調節するものなのである。

もちろん、ほかの生産業と違って損失となる危険性が高いので何となく生産業ではないような気がするものだが、損得の結果論と事業の性質論とは違うものなのだ。どんな産業でも、損失のないものなどない。たとえば鉄道事業では事故発生で損勘定になる危険があるし、鉱山業でも鉱脈の質が途中で悪くなったり出水したりして大損することもである。一般の製造工業でも、製品安で損失になることもある。だからといって、鉄道、鉱山、その他一般製造業が生産業でないとはいえない。生産業か否かの区別は危険の大小ではなく、効用いかんなのだ。だから、相場は立派な生産業なのである。

戦時経済と株式投機

昭和十一年の「朝日新聞虚報事件」の時、次のような意見が新聞に載った。

「戦時の際、不当に株式がたたかれるのは一国の士気に影響するから、平素から過当投機を取り締まる必要がある」

ちょっと考えるともっともなようにも聞こえるが、これは大間違いである。

平時経済において取引所を不当に圧迫するのが間違いであることはもちろんだが、戦時になって急に取引所を圧迫したらどうなるか。ただでさえ人心がおびえているときだから、「政府の取引所圧迫はおそらく何か不安な事情があるに違いない」と疑心暗鬼になり、デマが飛んで逆効果になるはずだ。

また投機や思惑を禁止すると、逆に値動きが激しくなるものである。不安なときは買いものが少なく売りものが多い。しかも投機が禁止されているので売りものはカラではなく、現物の売りだ。カラ売りがないのだから売り方の利食いもなく、新しい買い思惑も出にくい。だから、どこまでも一本調子で下がってしまう。

実例を示してみよう。昭和四年、浜口内閣の金輸出禁止令解除の時、公債は毎日五〇銭、七〇銭という値幅で崩れが続き、ついに一〇円幅も下がってしまった。しかも立会ごとに、わずか三万円か五万円という少ない出来高で下げ続けたのだ。

公債の取引単位は額面の一万円だが、五〇万円、一〇〇万円といったまとまった金額の現物取引が普通だ。それが、たった三万円や五万円の売りもので崩れてしまったのだ。

このように、市場のことを知らない人にはウソとも思えるような値動きをした原因は、国債市場はもともと投機的要素が少なく実物取引を主としていたところに売り人気となったからだ。

政府が試しに日本銀行に防戦買いの手を振らせてみたが、たちまち数千万円という売りものが出てきた。しかも、あとからどのくらい売りものが出るか見当もつかないというので、すぐに買いの手を引っ込めた。そして前述したように、三万円、五万円という少ない取引で公債相場は下がっていった。

このように、戦時経済だから投機を抑制するという考えは国を破滅に導くようなもので、やはり暴論といえるだろう。日本の政治家は素人考えで変なことをすることがあるから、投機抑制の不可を説明した次第である。

第二項　限月短縮問題

明治三十五年の限月短縮事件は、決して悪意をもってなされたものではない。当時は地方の小さい規模の取引所がいろいろな問題を起こしていたので、大きな取引所を保護して地方の取引を東京や大阪などの主要な取引所に集めたほうがよいとの考えから主務省が計画したものだった。

そして勅令および農商務省令で、限月問題と賠償責任準備積立金制度などのほか、いくつかの改訂を行ったのだ。賠償責任準備積立金とは、株主に配当する利益金が年一割を超えるときは、その超過額の半分を賠償責任準備積立金にするという規定で、それもその積立金の支出は理事会の決定によって農商務大臣の認可を受けるというものだった。

この時、限月については、短縮後に二限月にするか三限月にするかがなかなか決まらなかった。その上、主務省が急いだので騒ぎが大きくなってしまったのだ。中には、「現実のことなんかわからない農商務省の青二才どもが机上論を担ぎ出してけしからん」などと言う者もいた。

この時の松辰の意見は、四限月制がよいのではないかというものだった。三限月だと受渡日が一〇日になったり二〇日や三〇日になったりと、毎月同じにならないので困る。また、二限月制と四限月制を比較して金融界に及ぼす影響を考え、四限月制がいいと考えたのだ。しかし大勢の賛成は得られず、二限月制に決定した。

この限月短縮は取引の振興を図るものだったが、結果は逆に取引の不振を招いてしまった。取引所に関することは慎重に行わなければならないことがよくわかる。

取引員組合

取引員組合の委員の中には、取引所が公共機関であることを忘れてわが物顔に振る舞っている者がいる。たとえば、委員長自身が売り方にまわっていたために証拠金を引き上げた、というような噂を耳にすることがある。もともと売買というものは一時的なもので、今日買っていても明日には売るかもしれない。それなのに目先の欲のために全体に関係のある証拠金を左右するなんて、とんでもないことである。

反対に、委員が公平な処置をとっているのに個人的な意見や強弱観から悪口を言うなど、人格を疑うようなことをする者もいる。こんなことによって、公正な立場で取引所の発展を願う者が委員会に出席するのを嫌がるようになってはならないのだ。

極端な事例を挙げてみよう。

第三項　政府米穀買い上げの悪制

そもそも、政府の米穀買い上げ制度ほど国民経済からみて害悪になるものはない。政府が何のために米を大量に買い上げる必要があるのかといえば、主たる目的は三つある。

第一は、関東大震災のような不時に備えるため。第二は、いつ起こるかもしれない戦争の準備だ。動員令があってから米を買い上げるようでは、とうてい戦争には勝てない。いつ動員令があってもいいように、政府は米穀を常に準備しなければならないのだ。第三は米価の調節。この三つが主な目的であろう。

ところで、戦争とか天災に備えるためなら一〇〇万石も用意すれば多すぎるくらいだ。それなのに政府は何百万石も買う。それは結局、米価調節が目的であろう。私が政府の買い上げを悪いというのは、米価調節が悪いということである。現在の政府の米価調節策は、植民地米の移入と内地米買い上げの二つの方策によって行われている。

昭和になって朝鮮や台湾における農業の進歩や作付面積の増加によって植民地米がどんどん内地に流入し、そのために米の需給関係が変わってきた。そこで植民地米の移入制限を行って内地の農家を保護するのだが、理想論からいえば内地の工業立国と植民地の農業立国が当然で、農家は植民地に行くべきなのだ。

しかしこれは、言うは易く行うは難しだ。だから過渡期においては植民地米移入制限も仕方がないが、米穀買い上げによる米価調節はいけないと思う。政府がやらなくとも米穀取引所が公正な価格を出しているではないか。それに政府による植民地米の統制で米価調節が十分にできるのならばよいが、実際には難しいのではなかろうか。欧州大戦当時、政府は暴利取締令を発布したり買い方の大手を連行したりしたが、米価は大暴騰したではないか。米価調節は、なかなか困難なのである。

次のような徳川時代の話がある。ある時、伊豆で飢饉《ききん》があり、米の価格が上がって困った。そこで領主は、米をどんどん買い上げた。ただでさえ米が高いのにさらに買い上げるとはいかにも乱暴であると家老たちがいさめたが、領主はなお買い上げた。すると日本の各地から高値の伊豆に向かって米の現物が集まり、ついに伊豆では逆に安くなってしまったのだ。

このように米価調節というのは、役人が考えるほど単純なものではない。政府は現在、米価調節のために米を買い上げている。そして、その米を古米として安く売っている。これは国費の濫用である。その上、倉庫料、金利、運送費、虫食いなどを考えれば、ばく大な税金のムダ遣いである。

第四項　割高な売買手数料はわが国株式界の発展を損なう

松辰が話してくれたことの中に、ニューヨーク市場と日本市場との株式の出来高の違いがある。各市場の取引量は大体、大阪一万株、東京二万株、ニューヨーク一〇万株ということで、そのころは米国の出来高などはあまり注目されていなかったのに松辰は見ていたのだ。

現在の出来高は松辰が活躍していたころと比較すると増えているが、ほかの事業に比べると少ないといえる。たとえば海軍軍縮会議では、日英米の比率が三、五、五では国辱的だと騒ぎ、昭和十一年に海軍軍縮会議から脱退した。これと同等に論じれば、株の出来高は日米同じでもよいわけだ。また紡績業は明治になってから始まった事業だが、世界一を誇る英国を今では抜いている。これと同等に論じても、やはり東京市場は寂しいかぎりだ。

なぜ日本の株式市場は遅れているのだろうか。原因のひとつに売買手数料が割高なことがある。客筋の間では、「年間の売買を計算してみたら、商いで儲けてはいるが手数料で食われてしまって結局は損勘定になった」との愚痴をよく聞く。生糸や綿糸では先限

郵 便 は が き

料金受取人払郵便

本郷支店承認

4801

差出有効期間
平成25年10月
31日まで

1 1 3-8 7 9 0

3 3 5

(受取人)
東京都文京区本郷
3丁目38番1号

株式会社 同 友 館
営業部・愛読者係 行

購入申込書

(書名)	定価 ¥	部
(書名)	定価 ¥	部
(書名)	定価 ¥	部

※このハガキで書籍を注文できます。代引手数料200円が別途必要になります
ご指定の場所に送本いたします。なお、ご不明な点は小社にお問い合わせ
さい。同友館 TEL 03−3813−3966 FAX 03−3818−2774
http://www.doyukan.co.jp/

送付先住所 (〒)

T E L.

Eメールアドレス

氏名《フリガナ》 印

アンケート記入のお願い

フリガナ	
御氏名	（　　　才）
自宅住所（〒　　　　　）	

Eメールアドレス

このカードの
入っていた書名

お買上げになった書店名

お買上げになった動機
- 新聞広告を見て
- 雑誌広告を見て
- 店頭で見て。人から聞いて
- その他

今後とりあげてほしいテーマ

本書についてのご意見・ご感想

■お客様にご記入いただいた個人情報は、より良い出版物を作るための参考にさせていただきます。

■ご記入いただいた個人情報は，ご注文いただいた書籍の配送，図書目録・新刊案内などをお送りする資料にさせていただき，その目的以外での利用はいたしません。

■また、お寄せいただいた個人情報は厳重に保管し、お客様の許可なく第三者に開示することはありません。

同友館からのお知らせについて不要の場合は
右の□に×をしてください。　不要 □

で売買すれば何ヵ月も持続できるのに、株式は三ヵ月しか持続できない。だから、手数料が安くてよいはずである。

国債に至っては六〇日受渡の規定で二〇～三〇銭しか動かないのに、手数料は二〇銭もかかる。これは、商い禁止といわんばかりの手数料である。

どうしてこんなに高いのか。おそらく、顧客側に意見を発表する機会も機関もないからであろう。手数料を下げてくれと言いたくても手段がない。しかし取引員組合は、機会あるごとになんとか理由をつけて手数料を値上げしている。つまり、独占事業という状態を悪用しているといってもよい。

大正十四年に限月短縮問題が起きた時、取引員組合は乗り換え商いが頻繁になるからと取引所に迫って手数料を値下げさせたが、顧客に対しては値下げしなかった。顧客にとっては、実質的に手数料の値上げである。そして顧客に対しては、「限月短縮はすぐ復旧します。しばらく辛抱してください」などとごまかしていた。それなら取引員もしばらく辛抱していればよいはずなのに、このように独善的だったのだ。

だから松辰は大法則の説明に、取引所は公共機関なりとか、万人のためにとか、真理は公私ともに一致すべきなり、などと箇条書きにしていたのである。

第五項　取引員の部　某取引員のインチキ話

取引員が不要な商いで相場を上下させ、社会を混乱させた例を紹介しよう。顧客に対してインチキをして迷惑をかけたことが表面化することはあまりなく、だから問題にされることも少ないのだが、現実にはなかなか多い。

もともと取引員には五種類ある。

①　顧客の注文をそのまま取引所に出す店
②　店主の手張り（自己の売買）を主とする店
③　サヤ取り商いを主とする店
④　呑み行為を主とする店
⑤　インチキ（詐欺）商いをする店

このうち、まずインチキ商いの例を挙げよう。

私（忠次郎）が一〇歳くらいの子供のころ、玄関の前にある桜の木の下で遊んでいたら、立派な紳士が訪ねて来た。あとになって父（松辰）に聞いてわかったのは、次のようなことだった。

訪ねてきたのは××男爵で、当時の北海道長官だった。男爵は、そのころ市場で羽振りを利かせていた○○氏の店で取引していた。その店は表面的にはとても堅そうで市場の信用も厚かったのだが、ほんとうは詐欺の常習犯だったのだ。

男爵はなかなか大きな商いをしたのだが、勘定を間違えたことはなかった。ある時、大きな利益勘定のはずなのに損の報告書が送られてきた。そしてよく見ると、売りと買いが反対になっていた。

今まで間違いがなかったので売買報告書が来てもよく見ずに判を押していたのだが、この時もいつもと同じように、何も見ずに判を押して返送してしまったのだ。あとで間違いに気づいたのだが、すでに判を押しているので取り返しがつかなくなってしまった。

もし表沙汰になると、男爵であり北海道長官であるのに株をやっているということになり、まだ株に対して偏見があった時代に興味本位の社会的センセーションを起こす危険があった。そして、迷った末に松辰に相談に来たのだった。

相談を受けた松辰は、その店の内情を探ってみた。すると、一般の顧客が報告書をよく見ないことにつけ込んで、いざ大相場とみると計画的に違う内容の報告書を送って顧客をだます詐欺を行っていることがわかったのだ。その店は〝悪銭身につかず〟の言葉通り、二年ばかりで店を閉めた。カネを扱う仕事なのだから、とにかく店を選ぶのが大切なことといわなければならない。

第六項　呑み行為

呑み行為が違法であることはわかっている。しかし狭い経済学的範囲でみると、そうともいえない。松辰の大法則では、相場師は国民経済上有害な相場が出現したときは、これを訂正・是正する社会的責任があると説いている。だから、もし顧客が公益上有害になるような注文をしてきた場合、取引員はこれを呑んでしまっても差し支えない、ということになる。

そもそも天井はますます高そうに見え、底はまだまだ安くなりそうに見えるといわれるし、欧米には「大衆は常に天井を買い底を売る」ということわざがある。大衆にそういう傾向があるのは確かだから、呑み行為は経済上差し支えないという議論が成り立つのだ。ただし、どんな場合であっても、違法なことはもちろんである。

また市場によっては、小さな店の従業員自身が、店へ玉を取り次がないで途中で呑んでしまうことがある。これは絶対にいけない。もともと呑み行為が国民生活上差しつかえないというのは、顧客が大衆であることを条件としている。多数の顧客だと相場の上手な人から下手な人までいろいろいるが、平均して天井買い底売りをやる人が多いから、呑み行為をしても私経済的にソロバンが成り立つのだ。ところが外務員個人が相手をする顧客の数はそう多くない。さすれば、外務員が呑んだ相手が相場上手の人だったならば呑み行為は失敗する。まして顧客がプロだったときは、とんでもないことになる。これは法律上はもちろんのこと、国民経済上も私経済上も悪いことになる。

私は以前、雑株の商いを呑んだ現場を見たことがある。あまり売買をやらない顧客が雑株を買うのは何か材料をつかんだからだろうが、それに向かって呑むのはとても危険だと思うのだ。

第五章　相場名著と大法則

こんどは我国の古い相場の名著によって、松辰の大法則を見直してみよう。

第一項　『八木虎の巻』陰陽論と大法則

『八木虎の巻』の陰陽の理

第一　陰陽の理を考える
第二　相場は年に四、五回くらいしか手一杯張るところが無い
第三　日数をよく見ること

第四　迷うときは出ないこと
第五　手一杯の商いは、まず玉数を少なく始める
第六　売買を急がないこと
第七　豊年のときは凶作を考え、凶作のときは豊年を考える
第八　上昇、下落の割合を考えよ

第二以下についてはあとにして、まず陰陽の理について説明しよう。
松辰は陰陽の理について、次のように説明している。

○『八木虎の巻』には陰陽の理、『三猿金銭録』には理外の理、宗久翁は三位の伝を教えている。
○相場の居所の大切さは、皆これらに含まれている。
○上げ続けると、どんな弱材料が出てもそれが相場に利かず、逆に強材料の出現で安くなる。
○逆に下げ続けたときは、どんな弱材料が出ても相場に利かず、逆に弱材料の出現で逆に高くなることがある。これは「物には本当の価値がある」からだといえる。

○すなわち天井や底というものは、天井というのは強材料がそろっているときで、底のときは悪材料がそろっている。値が安いときは悪材料が利かなくなり、高いときは強材料が利かなくなる。大衆が売っても下がらないときが底、大衆が買っても上らなくなると天井。いかなるときも、上がる相場のときは弱材料があっても上がり、下がる相場のときは強材料が出ても下がる。

○これは、材料に「本当の価値」と「みせかけの価値」の両方があるからなのだ。

天井や底では材料が利かない

松辰の大法則によれば、「公益を害するような価格が現れれば、これを訂正・是正する方向の商いをせよ」とのことだ。では、いったいどんなときが国民経済上有害かというと、たとえば「天井や底値で極端な値がつくことは公益を害する」と松辰は言っている。だから、普段は売買しないで天井と底とを狙い打ちにするのが、相場のコツであるとともに社会的にも有益なのだ、と解釈しても差し支えないであろう。『八木虎の巻』の「陰陽の理」も、要は天井や底を待って商いせよという主張だ。

ところで松辰の説と『八木虎の巻』の説を比べてみると、似ているようで全く違う。松辰はあくまでも国民経済に立脚して考えているのに対して、『八木虎の巻』では私経済によって天底を見ているのだ。しかし結論は同じで、「底狙い、天井狙い」である。

それとは別に、もう一歩進めて、どこが天井でどこが底かといわれると、神様ではないからわからないという結論しかない。それがわかるくらいなら苦労はしない、ということだ。仮に、松辰式に国民経済に立脚して商いをしようとして現在の相場をいかに調査研究しても、高すぎるか安すぎるのかはわからない。

だが、わからないまでも見分けようとしなければならない。いろいろな見分け方があるだろうが、いちばん簡単で誰にでもできる方法について述べようと思う。

相場は、のべつにやるものではない。強材料でも弱材料でも、急に出てくるかもしれない。強材料は相場を上げるし、弱材料は相場を下げる。けれども、天井のときは強材料が出ても相場は上がらなくなるし、底にいるときは弱材料が出ても下げなくなる。材料が利かなくなるのだ。だから、

相場の居所が高く強材料が利かないときを天井打ちの目安

相場の居所が低く悪材料が利かないときを底入れの目安

とするのが、大体において間違いないようだ。

これを国民経済の観点からみてみよう。

平穏なとき、すなわち居所が天井でも底でもなく動きがおとなしいときには弱材料が出現して相場が下がり、強材料が現れて相場が上がるのは当たり前だ。こういう状況では材料が公益上害になることはなく、それこそいつもそうあってほしいものなのだ。しかし、こういうときに強材料が出ても相場が少しも上がらないようならそれは公益上有害であり、松辰の大法則によると「売ってよいとき」である。反対に弱材料が出ても相場が全然下がらないようなときは公益上有害であるから、松辰大法則によって「買うべき」なのである。

材料の片寄りは環境転換の表示

松辰は、「天井は好材料がそろったとき、底は悪材料がそろったとき」と言っている。

つまり、プラス材料ばかり集まるとマイナス材料に変わってしまい、マイナス材料ばかりになるとそれがプラスに変わってしまうということだ。これについては経験を重要視する地場の人たちよりも、むしろ材料を重視する理論的な人たちがよく誤解するもので、「こんなに好材料がそろっているのに、どうして下がるのだろう」などと不思議がったりするものだから、よく考えなければならない。

「泣きっ面に蜂」ということわざがあるが、世の中は悪いときには悪いことが重なり、良いときには良いことばかり起きるものなのだ。特に経済社会の現象においては、この傾向が著しい。経済組織、つまり企業（会社、商店、工場）は相互につながりを持っているから、たとえば一企業が資金繰りに行き詰まると、直ちにほかの企業にも影響して銀行に穴があき、またその噂が広がってほかの企業が資金に詰まってしまうという具合に、次々と波紋が広がっていく。好材料が多いときも同じで、次々と好影響が伝わって良いことが重なっていく。

好材料でも悪材料でも、材料が片寄ったときの相場の動きは、材料そのものの影響よりも人気的な色彩が強くなる。そして、はじめにあった材料も新しく加わった材料も、次々と〝織り込み済み〟になっていく。

だから人気に巻き込まれて、たとえば売るだけ売ってしまえば（買うだけ買ってしまっても）もう終わりで、あとから出た材料は利かない。つまり、材料がそろったときは天井または底となるのである。

金つぶし値段

『八木虎の巻』には、「世の中に従ってその年々の底値を知ることは大切なことである」と書かれている。これについて松辰は、次のように説明している。

○ 『八木虎の巻』には、天井ではなく底の値段についてだけ書かれている。これに深い意味があるのかもしれないと思ったことがある。

○ しかし何年もあとになってよく考えてみると、単に強気・弱気を論じるのではなく、物価の高低を調査研究する観点が必要だと思える。

○ 相場は売り方よりも、買い方が人気を盛り上げてつくることが多い。

○ 原価とか採算を考えずに買い方があおれば、いくらでも売る人は出てくるものだ。

○ よって人気の程度によって天井がつくられるが、人気の程度がわからないのだから天井がどこなのかは見当すらつかない。

○　一方、下げの場合は、採算点という限度がある。採算点を割ってくれば、生産者は生産を止めてしまう。

○　だから下げ相場は無限に下がるものではなく、俗にいう〝金つぶし〟の値段で止まる。

○　上にはいくらでも上がるが、下値には限界がある。このことは、株でも商品でも罫線を見ればよくわかるはずだ。

松辰が研究したところでは、上げ相場はどこまで上がるか見当がつかないが、底というものには制限があり〝金つぶし〟の値より下がらない、というのだ。

金つぶし値段というのは、金細工の品に含まれている金そのものの値（つぶし値）で、値段がそれ以下になることはない、ということだ。東株《とうかぶ》についていえば、親東株《おやとうかぶ》の一〇〇円～一二〇円、新東《しんとう》の七〇～八〇円から一〇〇円あたりが金つぶし値段ということになり、昔から一〇〇円以下の東株、七〇円台の新東株を売るのはダメ、といわれている。

問題は、『八木虎の巻』に「その年々の底値」と書いてあることだ。つまり一定の値ではなく、その年によって違うということだ。また、金つぶしの値はすべての商品にあるものではなく、重要な商品にだけ厳然として存在する、という点も大切だ。

金つぶし値段と生産費との関係

次にはっきりさせておかなければならないことは、金《きん》つぶし値段と生産費の関係である。松辰遺稿に「下値は採算割れから大体どれくらい、と底値をおさえることができる」と書かれている通り、金つぶし値段は実際の生産費よりも低いのである。

世間では生産費と金つぶし値段を混同する人が多いようで、新聞や雑誌などに「もう生産費を割ったから下げは止まるだろう」などと書かれているが、これは「金つぶし値段＝生産原価」という誤解によるものだ。「生産費を割ってくれば生産は手控えられ供給が減少し、市場は供給不足になってくる」という考えなのだろうが、生産者は少しぐらい原価を割った程度では決して生産を手控えないものだ。生産原価を少し割ったからといって生産を止めていたのでは、第一に顧客をほかの会社に奪われる恐れがあること、第二には対外的に信用を失うこと、第三には製品を市場に出さないで在庫しておけば価格が回復したときに売り出すことができるから、直ちに生産を止める必要がない。第四に、生産を止めれば自社の熟練工を失う危険があり、熟練工を失ったら再雇用が難しくなること、第五には仕事を手控えたならば労働争議が起きる恐れがある、などの理由から、少しくらいの原価割れならば生産は継続されるのだ。だから、「生産費＝金つぶし値段」というのは短絡的な論理なのである。

しかし、ものには限度があって、それを超えるといかに危険があっても背に腹は代えられない状況となり、ついには生産を制限したり生産を中止したりする。金つぶし値段というのは生産原価そのものではなく、生産原価より安い「我慢の限度」ということになる。

また、注意しなければならないのは、金つぶし値段は社会経済の変化によって違ってくるということだ。たとえば昭和になってからの生糸生産では、人造絹糸《じんぞうけんし》（人絹《じんけん》）という強敵が出現したために、従来の金つぶし値段が大きく変化したことがある。

またコメの価格でも、台湾、朝鮮の農業発展のために金つぶし値段が低くなったのは確かである。だから『八木虎の巻』には、「世の中の変化に従って、そのときの底値を知ること」とあるのだ。

もちろん、金つぶし値段の出現は国民経済上は有害なものであるから、遺稿に従って買い向かわなければならないものと私は思っている。

第二項　三位の伝と大法則　相場はまず値頃を考えよ

本間宗久の「三位の伝」を近代的な経済の考え方からみると、値頃《ねごろ》の研究といえる。相場を考える上では、値頃観ほど大切なものはない。上がると思える材料が出たにもかかわらず逆にたたかれるのも、下がるべき材料がむしろ高騰のきっかけとなるのも、すべて「値頃」によって起こることなのである。

材料を並べて総合的に考えるときに相場の居所を考慮に入れなければ、それこそ「仏作って魂入れず」になってしまい、調査の苦労は報われない。それどころか逆効果となって、思わぬ損失となりかねない。

また、それぞれの材料の相場への影響を考える際にも、相場の値頃や取組を併せて考えなければ、総合的にも個別的にも結論が出ない。相場の居所はとても大切で、抜かして考えることができない要素なのである。

こんなことは、いまさらあらためて言う必要もない。株式でも期米でもそれに従事する者にとって、当たり前のことなのだ。しかし「鹿を追う猟師は山を見ず」「鳥を追う者は谷あるに気が付かず」といわれるように、得てして気が付かないものなのだ。

市場で罫線屋といわれる人々が罫線の形だけを見て罫線倒れとなるように、最大の目的である値頃を忘れてしまうものだ。あるいは経済学的な理論に走った結果、理屈はいいが売買は下手という本末転倒になってしまうこともある。

松辰遺稿には、次のように書かれている。

「八木虎の巻は上げ下げの理を説き、金泉録では理外の理と言い、宗久は三位の伝と教えているが、これらすべての中には相場の居所の大切さが含まれている」

三位の伝の説明

宗久は「米商いは踏み出しが大切」として、次のような文を残している。
よくよく米の動きを考え、天井や底の位《くらい》を考えて売買すべし。これ三位の伝なり。
急に下げ、急に上がる相場のこと
天井や底の日限《にちげん》(注)定まらず、見計らい取り仕舞うべし。そのとき、二つ仕舞い、三つ十分、四つ転じ、これ三位の秘伝なり。

【注】日限　日柄のこと

これは次のような意味である。

天井や底を測定するときは、月数、値段、人気などを総合して考えるのだが例外がある。

それは早熟相場といわれるものだ。月数、日数にかかわらず目先の天井となったり底となったりするもので、そういうときは早めに利食いするのがよい。

さらに詳しく言えば次のようになる。

二つ仕舞い　三つ十分　四つ転じ

「二つ」とは、『金泉録』にある半形商のように二段の上げで売り方が追証になったときで、ここで建て玉の三～四割、あるいは六～七割を利食いする。

第三段（三段上げ）では、建て玉の残り全部を利食いする。なおも上伸して行き過ぎとなったときを「四つ転じ」といい、売り越しに転じる。

しかし、このドテンをするときに失敗しやすい。それは、はじめてドテンするときにいっぺんに多くの玉を入れてしまうことが原因だ。ここで多く玉を入れると次のとき（四段目）に玉が少なくなってしまう。

しかし、神様ではないから見誤りがある。そして玉を多くしてしまうのは、勝ったことでうぬぼれて手を広げてしまうからである。

利食いだけならよいが、反対玉を建てるときは十分に注意して少量ずつ仕掛けるようにするべきである。

上げ相場における三位の研究

株式相場記者としての私（忠次郎）の経験からいえば、よほどの大きな相場でないと四段までは上がらない。例外もあるが、大体は第三段までである。

ということは、普通は第二段の上げで終わることが多い。また、第一段の上げは一気に上げていき、第二段はジグザグで上げていくものだ（もちろん例外もある）。そして値幅については、第二段は第一段と同じか第一段の上げ幅より少し小さい場合が多い。また、第二段の上げの前に反落する場合があり、第一段の中ほどまで下がるときもあるから注意を要する。

どうして相場は、このように段階をつくって上がっていくものなのだろうか。また段階の数がどうして二段、三段、四段となるのだろうか。その理由を書いた本はないようである。先輩からも父からも、聞いたことがない。父である松辰にいろいろ聞いても、「なかなか腹からわかるものではない、自分から工夫せよ」とだけ言って教えてくれなかった。

だから、ここで私の意見を述べてみよう。

どんな状況でも、相場が上がると「もうこの辺で上げ止まるだろう」とみて、利食いの売りものを出す人がいる。相場を小さくみる人たちだ。一方、「いや相場はまだまだ上がる。これからが本物の上げだ」とみる人たちがいて、売りものに向かって買う。だから揉み合いになって一服する。ここまでが第一段である。

しかし実勢はまだ上なので、揉み合いのあと再び上がる。これが第二段の上げということになる。第一段の上げのときはまだ上がり始めたばかりで相場が若いから、それほど大量の利食い売りは出てこない。第二段の上げになるとある程度高くなっているので利食い売りやツナギ売り、そして新規の売りが出てくる。だから揉み合いながら上がっていく、いわゆるジグザグの上げとなる。これが第二段の上げの中身で、よって第二段で上げ相場が終わることが多い。

しかし、第二段で新しい材料が出現し、買い方仕手の手が空いているようなときは、続いて第三段の上げが演出されることになる。なお第四段の上げは、人気の行き過ぎによる余力で現れるものだと私は思っている。

下げ相場の三位は不規則

普通に考えれば、下げ相場にも上げ相場と同じように第二段から第四段の動きがありそうだが、実際には段位が明確にできないものが多い。また段位がわかったとしても、無茶苦茶といってもよいくらいに値幅はバラバラである。

上げ相場だと第一段階と第二段階は大体同じくらいになるものだが、下げ相場だと第一段階がとても大幅で第二段階はとても短く、ほんの申しわけ程度のこともある。反対に第一段が天井の揉みの最後に見えるくらい小さく、第二段階が下げの全部のように見えるときもあり、簡単に決められないようなのだ。

しかし数年間に一度というような大相場、つまり大衆が参加した大上げのあとの下げ相場になると大体、動きは決まっている。そもそも大きな相場は投げと踏みでつくられるもので、第一段の下げは地場弱気筋の売りと持株筋のツナギ売り、そして地場強気筋の退却売りによるものだ。

素人筋の投げは、第二段になってから現れる。なにしろ大衆買いで大相場になったのだから、その大衆筋が投げ出すと短い日数で整理が終わるものではない。特に素人投資家たちは引かれ腰が強いのだが、第二段の下げは心理的にきつく感じ、第三段の下げで参入した売り方の利食い買いが出てきたころに投げてくる。第四段は行き過ぎと弱気の売りたたきで、相場は上げ下げともに二つから四つの段階が構成されることになる。

松辰の大法則と三位の伝

本間宗久の本の全体を見てわかることは「二つ仕舞い、三つ十分、四つ転じ」であって、広い意味で抽象的に言えば「値頃」ということになる。

さて二つ仕舞いとは、利食いせよということである。いまの上げ相場は第三段、第四段まであるだろうという見込みを立てても、環境の変化やその他の事情によってそうならなかったらどうするのか、ということだ。ぐずぐずしているうちに情勢が逆転してしまい買い玉を利食いし損なったばかりか損になることもあり得るのだから、第二段で利食いするのは当然なのだ。それに私の調べたところでは、第二段で終わる相場がいちばん多いのである。だから第三段まで行くことを期待するのは、『八木虎の巻』および『松辰遺稿』で深く戒められているところの「強欲」といってよいのである。

「三つ十分」とは、もう利益は十分であるから、とにかく利食いしなければならない、という意味である。現実にも理論的にも第三段まで買い玉を持っていること自体が危険なのである。

上げ相場が第三段に入ると、新規の強材料の影響は弱くなっている。また仕手関係からみても大手筋は大衆筋に逆らうわけで、第二段で利食いし損なった場合は第三段で必ず売り手仕舞いしてくる。

大手筋は玉数が多いから一日や二日で仕舞うことができないため、大衆筋が商いしている第三段ではなんとしても手仕舞わなければならないのである。

「四つ転じ」とは第四段階においてはドテンせよという意味で、第二段階から延長して第四段階に来たのは行き過ぎなのだから強材料も効き目が無くなっているし、新規に売るところにあるというのだ。

以上の三位の伝から松辰の大法則を見てみると、大法則では国民経済上害になる場合に商いせよというのであるから、出動は第一段階なのである。そして第二段、第三段に来ると公益上有害な相場から抜け出ているのだから退却していなければならないことになる。つまり、宗久の「二つ仕舞い、三つ十分」と松辰大法則は一致しているのである。さらに「四つ転じ」になると行き過ぎなのだから国民経済上有害になっていて、これを是正する意味で動きに逆らわなければならないことになる。すなわち宗久の「四つ転じ」も、松辰の大法則と一致するのである。

第六章　第一編の結論

以上の「第一編 開運論」は、

相場の道を研究する必要

相場運の開拓

大法則と松辰実践物語

相場関係者と大法則

相場名著と大法則

と進んできた。

ここまでのところを、まとめてみよう。

そもそも相場の開運とは、

① 自分が買い玉を市場に入れ終わったときに

買い材料が表面化するように

売り材料が出ても響かないように

② 自分が売り玉を入れ終わったときに

売り材料が出てくるように

強材料が出ても市場が反応しないように

なることである。それにはどうすればよいのか……。

普通の場合は、弱材料が現れれば下がり、強材料が出て上がるのが当然である。したがって通常の状態であれば、商いをしても前述したような反応を期待することはできない。期待する通りの特殊な状態とは、どういう場合だろうか。現在の経済学の考え方からすれば

① 供給（売りもの）出尽くしのとき……買い

② 需要（買いもの）出尽くしのとき……売り

である。よって次には、

どういうときが売りもの出尽くしのときか

どういうときが買いもの出尽くしのときか

ということになる。

この点については、いままで細かく説明してきたが、松辰に言わせれば「国民経済上有害な相場の居所」であり、本間宗久「三位の伝」であり、『金泉録』では「理外の理」となる。つまり、表現の仕方は異なっていても目指すところは実践上ひとつである。読者は自分が納得できる好きな考え方を持てばよい、といえる。

しかし中年になってから相場をする、特に学歴の高い人たちは松辰式に、「国民経済上有害なる相場の居所が出現したときに限って商いすること」という方針を取ったほうが誤りがないだろう。『金泉録』の「理外の理」も悪いわけではないが、考え方が抽象的でピンとこない。

また宗久の「三位の伝」も良いと思うのだが、実践において第二段目と思ったのが第三段目だったりして見間違える危険性がある。しかし、松辰式の「国家に害になる相場の居所」を念頭に置いていれば、見誤りは比較的少なくてすむわけである。

特に株式売買が一般化して、その一高一低が直ちに全国の株主の財産に影響し、また国債でもその市場価値が銀行をはじめとした金融機関の生命を握っている関係から、商いを慎重に、松辰の言う法則によって国民経済という高い所から見て商いすることを切望するのである。

一般商工業への応用

一般商工業においても、やはり松辰式に「国家経済に有害な相場の是正」を考えて商いをするべきである。一般商工業でも普段は、弱材料が出れば相場は下がり強材料で上るのが当然である。しかし、いったん行き過ぎると弱材料が出ても下がるとは限らず、強材料が出ても上がるとは限らなくなる。そうなると、その相場の居所は国家経済に有害であるから、松辰の大法則によって居所訂正の売買をすべきなのである。しかも、自分自身の私経済上からの利益と公経済の損得が一致すると松辰は説いているから、私の損を覚悟して商いを断行することが、やがて私利を得ることにつながるのである。

次に、本間宗久の三位の伝から見てみよう。通常の商売でも、やはり株式同様、節《ふし》(区切り)をつくって上昇する。ただ違うのは、一般の商品は株や米ほどの荒い変動がない。たとえば関東大震災の当時、材木が大きく上昇した。そこで、米国から材木を大量に輸入した。その輸入によって、暴騰していた材木の相場も一時上げ止まりと思われた。しかし国内の材木需要がとても多かったので、輸入材木による価格下落圧力を消化してさらに上昇していった。この再度の上昇をみて業者は、さらに大量の材木を米国に注文した。ところがさすがの大量の輸入だったので、材木が日本に到着したころには需要が激減し、二回目の輸入をした業者は荷を抱えて販売に苦労したのだ。

これを見ても、株式以外の商品の相場にも宗久の「二つ仕舞い、三つ十分、四つ転じ」の「三位の伝」は応用され得るといえよう。

このように、相場道の心得を一般商工業へ応用できることがわかる。それぞれ工夫すれば、自分に有利になるといえるのだ。

第二編

五常の説

松辰遺稿には、古書『商家秘録』（大玄子著）の一節を次のように紹介している。

○　人間は一日たりとも米穀を欠かせないもので、米の値段の上がり下がりにおいて、社会や人間の正しい道を離れては利益を得られない。わずかの利益に目がくらんで不道徳な商いをしてはならず、相場で身を立てようと思う者は仁義礼智信、すなわち五常（注）を忘れず、陶朱（注）のように資産を得るためには人間的な道徳に基づいて行動しなくてはならない。

【注】五常　儒教で、人の常に守るべき五つの道徳。孟子は、父子の親《しん》、君臣の義、夫婦の別、長幼の序、朋友の信をあげた。（広辞苑）

陶朱　古代中国の大夫范蠡。呉と戦って勝ち、あと斉に行き資産をつくり陶に住んだ。

この『商家秘録』の説に対して、松辰は次のように解説している。

○　五常というのは相場道だけでなく、日常の生活においても守らなければならないと言っていると思う。

○相場道において五常とは何を指しているのだろうか。私は次のように考えている。

仁　急がず時が来るのを待つ

義　人々が買いたいと思うときに値が高ければ売り
　　人々が売りたいと思うときに値が安ければ買い

礼　聖人君子のように品格のある売買

智　多くの統計や材料を十分に調査する

信　上記の四つのことを守った上で信念を持って行動する

松辰は、さらに次のような項目に分けて詳しく書いている。

第一章　仁の巻

第一項　明日も市場あり

仁とは待つこと

松辰の説によれば、「仁」の解釈は「急がず、時がくるのを待つ」である。そしてこれを、次のように詳しく述べている。

同じようなことを書いた昔の本から抜き書きすると、次のようになる。

①　休んでいて　必勝の機会を狙って事を行え
　　三日待つべし　これ秘伝なり

②　商いはせかず　急がず　待つのが仁である

③　道徳上よいと思われるとき(注)が来るまで待つのが仁である

【注】松辰はこれを「徳」という一字で表している。
徳とは『広辞苑』によれば、①道を悟った立派な行為。善い行いをする性格。身についた品性。②人を感化する人格の力、となっている。

一例を挙げてみる。カイゼル(注)は欧州大戦争(注)の時、自分から戦争を仕掛けずに、フランス、ロシアのほうから挑戦するのを待っていればよかったと思われるのに、自分のほうから戦争を仕掛けた。そしてベルギーの中立を犯し、英米の商船を撃沈したりしたために、ついに世界を相手として戦うことになってしまった。そして負けてしまった。ナポレオンも皇帝になった時、国内政治に力を注いだ。そして、外国からの攻撃が無いのに自国から戦争を仕掛け、社会と経済を混乱させた。

自分から戦争を仕掛けるようなことは、非常にいけない行為なのだ。相場も同じように、相場のほうが天井や底をつくってくれるのだから、それを待って商いをすれば「損」ということはない。自分から強引にあおったりたたいたりすることは、大いに慎むべきことなのである。

【注】カイゼル　ドイツ皇帝ウイルヘルム二世。カイザー
欧州大戦争　第一次世界大戦

待機の姿勢持続は難中の難

以上の通り、遺稿には「機会を待つ」ということはなかなか大切なこととして述べられているが、この「待つは仁」と同じ意味の言葉が、古今東西の格言にもある。

本間宗久は、「商い急ぐべからず。急ぐときは踏み易し」(急ぐときは損しやすい)と言った。また『商家秘録』にも、「大立身は急がず時を待つを心とし、これが分限相応、気の痛みにならざるよう心掛くべし」とある。『八木豹の巻』にも「内証に義理ある借金などのある人、何月何日までに儲けねばならぬと性急に商いする人がいるが、こういう商いは慎むべきである。十分に作戦を練り時機を待ってさえもなかなか勝てないのに、性急にやって勝てるものだろうか」とある。

どれも、機会が来るまでは手を出さないほうがよい、と言っているのである。

同じような言葉は、外国にもある。

「忍耐して時機到来を待て。また、少しでもいいからと簡単に考えて出動してはならない」とか、「ウォール街成功の第一条件は忍耐にあり」などというものだ。

忍耐といっても、「仕掛けた玉が引かされたときに〝忍耐して待て〟」ということではない。引かれ腰が強いというのは、相場業界では恥ずかしいことなのだ。

このように「商い急ぐべからず」といわれるのは、それだけ大切なことだからだ。「明日もまたここに市場あるべし」と時期到来を待つことは、それこそ〝言うは易く行うは難し〟であるが、するだけの価値があることなのである。

狙い打ちすべき理由

そもそも商いについて、なぜ天井や底の狙い打ちに限るかというと、その理由は三つある。

第一。商いは急いて行わず、十分に考えてから行わなければならない。『八木豹の巻』には、次のように書かれている。たとえば「借金の返済のため何月何日までにいくらの金をつくらなければならない」というような考えで売買をしたら、絶対に良い結果にはならない。百歩ゆずって、十分に調査し落ちついてやったとしても儲かりっこない。

もし、そんな状況で儲かったたなら、ただの偶然である。納得できる売買では、「明日もここに市場あるべし」という考え方の下に、出動の時期が来るまで心静かに待つことが肝要なのである。

第二。これは相場師としての職責によるものである。松辰の大法則に従えば、国民経済上不当だと認めたときにはじめて売買を仕掛けるべきである。ところが、そういう国民経済上害になる相場がそれほど頻繁に現れることはない。よって相場師としての作戦は、普段はサヤ取り商いに打ち込みながら、公益上有害な相場の出現を待つ以外にないのである。

第三。相場を仕掛けるチャンスは、それほど多くはない。たとえば柔道をしても、敵の体が崩れないうちに足払いをかけても倒せるものではない。敵の体に隙ができたときに、はじめて技がかかるのだ。剣道でも敵に隙ができるまで待つのだ。碁でも、取ろうとするから取られるのである。相場も同じで、たとえば二カイ三ヤリのとき買いに行けば三、売りに行けば二である。相場が動かないときに手を出せば歩が悪いに決まっている。だから、狙えるところを待つのがよいのである。

松辰と林荘三郎氏

東京株式市場に大手として勢力のある丸荘印、林荘三郎氏は、かつて一ヵ月ほど松辰の店にいたことがある。林氏は松辰が晩年奮わないのを惜しみ、また昔の情義に報いるため、ある日松辰と食事をした。

林氏「大将(注)、いかがです。相場をなさっては……」

【注】市場では店主のことを大将という。

松辰「えぇ、ありがとう。では、たくさんの玉では御迷惑でしょうから、少し張らせていただきましょうか」

林氏「えぇ、そうなさいまし。しかし大将、狙い打ちがいいんでしょうね」

松辰「そうですとも、そうですとも。では見込みのついたときにお願いしましょう。ありがとう」

こんな会話が行われたと、私は松辰から聞いた。しかしその後、松辰は病気になり、たしか林氏の店では一枚も商いをせず黄泉の客となったのだ。とにかく、この両雄の会見において、二人とも相場の秘訣はただただ狙い打ちにあると言っていたことに注目しなければならない。

横槍将軍の洞ヶ峠

昔、豊臣秀吉が主君の敵の明智光秀と天王山で戦った時、筒井順慶が洞ヶ峠で日和見し(注)、いよいよ豊臣方が形成有利との見極めがついてから、たちまち洞ヶ峠を下り光秀の陣を攻撃したようなやり方は、相場社会ではよく見受けられる。

【注】 日和見 ①天気模様を見ること。②事の成行きをみて有利な方につこうと形勢をうかがうこと。(広辞苑)

クリミア戦争(注)で英ロ両国が次第に疲れてきた時、イタリアのカブールが急に態度を鮮明にし、旗色の良い英国に味方した。自国の兵をそれほど痛めずに、しかも講和条約にはいちばん有利に立ち回り、イタリアの今日の基礎を開いた。米国も、欧州大戦の時に同じことを行った。このやり方を市場で用いたのが、「横槍将軍」である。

【注】
クリミア戦争　一八五三年、オスマン帝国領内の聖地エルサレムの管理権をめぐってロシア、オスマン両国が開戦、翌年後者に荷担したイギリス・フランス・サルデーニアがクリミア半島に出兵、セヴァストポリを攻撃した戦争。一八五六年パリで講和条約締結。戦後ロシアでは大改革が始まった。（広辞苑）

「横槍将軍」とはニックネームで、松辰から本名を聞いていたが忘れてしまった。その人は、平素はあまり商いをしない。たとえ売り方と買い方がものすごい戦いをしていても、知らぬ顔をしている。しかし、いよいよ決着がつきそうになってくると飛び出してきて旗色の良いほうに味方して勝ちを一気に制するという戦術が得意で、とうとう横槍将軍として有名になったという。

このやり方はずるいようにも見えるが、機運が熟するまでジッと我慢して待っているところがなんとも偉い。何かしら玉がないとさびしいなどと言っている連中は、横槍将軍を見習うとよい。

第二項　出陣は年に三、四回（大勢狙いか中勢狙い）

松辰は、次のように説いている。

○『八木虎の巻』に、「一年に四、五度しか手一杯の商いをすべきでない」と書かれているが、大きな高下は一〇年に二、三回ないしは四、五回しかない。

○中間の高下は一年に二、三回か四、五回である。

○小さい高下は一ヵ月に三、四回もある。

○取れるところは、やはり年に四、五回の高下であろう。

○一〇年に二、三回の大きな上げ下げを狙っていると、手出しする機会がとても少なくなる。

○また一ヵ月に二、三回ある小さい上げ下げを取ろうとすると、忙しいばかりで結果は良くない。

○そんなことをしていると、目先に迷って中勢や大勢がわからなくなってしまう。

○ちょうど山の姿を見るのに、遠くからならばよく見えるが山の中に入るとかえって山の姿がわからなくなるのと同じで、小勢を追うと中勢がわからなくなる。

○仮に小さい上げ下げを何回か取っても、中勢の相場で一回損をすると、それまでの利益を飛ばしてしまう。

○よって、まず大勢を見定めるのが重要なのだ。

○まず大勢を見極めてから、売買しようとする銘柄の諸事情（会社内容など）を、過去、現在、未来に分けて考え、大きな方針を建てることが必要になる。

○大勢を見定めても、中間の潮の干満に注意しなければならない。途中の波に巻き込まれないようにしなければならないからである。

○要するに、大勢と中勢をうかがってから、なお小勢にも外れないように、ということである。

松辰はこのように説いているが、さらに相場師としての職責から考えても年に三、四度しか売買する機会がないはずで、また国民経済上害を及ぼす不当な高値や安値が出現したときに商いすべきものと考えた場合、商いをすべき時はそれほど多くないはずである。これ以上の高値は経済を害するとか、これ以下の安値は国民に害をもたらす、と思われるような場合がそうたくさん出てきては、それこそ社会が暗くなる。そう考えると、相場を張るチャンスは多くて年に三、四回ということになる。

大勢か中勢か目先か

古いことだが、上杉謙信と武田信玄は名将といわれた。しかし、ともに京都に上ろうという宿願を持ちながらついに目的を達することができなかった。地理的に不利だったこともあるが、理由の一つは、狭い川中島で、碁でいえば一目二目の小競り合いをしていて大局、すなわち広い地域の情勢に目が向かなかったためといえよう。これに対して豊臣秀吉は、小牧山の戦いにおいて相手は強力な徳川家康で、旗色が悪いとわかるとすぐに和睦して終局の勝ちを制し、あくまでも大きな目で状況を見てついに天下を統一した。その作戦ぶりは見事というほかはない。西洋のことわざにも、「大収益を計画するときは小利益を争うべからず」とある。よって小勢や目先よりも、少なくとも中勢に立つ目を持って相場を行うのが本筋である。

白銅将軍浜野茂氏は大勢張り

しかし、小さな相場をこまめに取るのが上手な人もいる。「新宿将軍」として有名な先代の浜野茂氏などは、「白銅将軍」のニックネームがあるくらい小すくいの名人だった。白銅とは、たとえば五銭（白銅貨）の利益でもサッサと利食いしてしまう、という意味だ。こういう実例のほかにも、ことわざとして「利食い千人力」とか「何人も利潤を取ることによって貧とならず」などといわれているのだから、小すくいが悪いと決めつけることはできない。松辰も、小すくいそのものが悪いとは言っていない。小すくいばかりで大勢を忘れてはいけない、というのである。

白銅将軍浜野茂（先代）と松辰は友人関係にあって、お互いの家庭を訪問し合っていたので、自然に私（忠次郎）も先代浜野氏にかわいがってもらった。ある時、私は直接に浜野茂氏から話を聞いた。そのころの私は中学二年生になっていたので、今でもはっきりと記憶している。

その時の話。

「自分は商いをするのに、本隊と別動隊の二つに分けて始める。本隊はあくまでも大勢張りで進むが、別動隊は小すくいで売買する。仮に、本隊の大勢張りの商いが先限で一五円の買い玉だったとする。別動隊の小すくいで五銭幅儲けたとすれば、先限のコストは一四円九五銭になる計算だ。さらに一〇銭幅稼げば一四円八五銭になる。こうして別動隊の動きによって本隊のコストを次第に下げていけば、ついにはコストがゼロになってしまう」

つまり、浜野氏の商いは大勢張りの本玉を守り、さらに有利な状況に導くために別動隊を動かしていたのであって、実態はまさに大勢張りというべきものだったのである。

横槍将軍も大勢張り

横槍将軍のやり方は前にも述べたが、一般に目先戦のように思われている。しかし、その実体は純然たる中勢張り、もしくは大勢張りなのである。売り方と買い方が互いに死力を尽くして戦っているのだから、力は五分五分なのだ。それが上か下かに傾いていくというのは次第に大きな流れが決まっていくということで、下放れれば大勢は下にいくもの、上放れれば大勢は上にいくという判断なのであり、小部分のみの勝敗を狙ってのものではない。つまり、横槍を入れるのが目的ではないのだ。

　また大取組になると、買い方が総崩れで投げ出す場合でも、売り方が総煎《い》れになるときでも、三日や四日で玉整理が終わるものではない。早くて半月は必要で、三、四ヵ月の長い玉整理もあるのだから、横槍将軍のやり方も決して目先の火事場泥棒式ではなく、むしろ中勢狙いの火事泥といってもよいものだろう。また古くからいわれている「休み居て必勝の機会をうかがって手出しすべし」とか、「商いをせかず急がず待つが仁」にも合致するし、松辰の「大勢、中勢をうかがって、さらに小勢にも外れないように」とのやり方にも当てはまるのだ。決して、単なる横槍などとバカにすべきではないのである。

第二章　礼の巻

相場の道からみて「礼」とは何を意味するのか。松辰遺稿には「聖人君子のように品格ある売買」とあるだけで、それ以上の説明はない。しかし私自身の判断によって、礼に属する遺稿を集めてみた。

第一項　天井売らず底買わず（利食いの研究）

松辰遺稿にはないが、利食いの仕方も礼の一部であろうと思うから、それについて考えてみよう。

『八木虎の巻』には次のように書いてある。

けなり売り　けなり買い（注）
腹立ち売り　腹立ち買い
天井を売らず　底を買わず
この六ヵ条すべて第一に守るべきこと

【注】　**ケナリ売買**　他（人）の成功を羨みて同様の売買を試みるをいう。『市場用語字彙』（大正十五年、文雅堂）
けなり売買　他人が相場で当てたのをうらやんで、その人と同じ方法で売買すること、または相場に執着して意地を張り通そうとする売買のことをいう。（『商品取引所用語集』昭和四十一年、全国商品取引所連合会）

上の六ヵ条のうち、けなり売り、けなり買い、腹立ち売り、腹立ち買い、など感情に走った商いは説明するまでもないと思う。相場を考えるのに、調査を十分に行い、その上、雑念を除いて十分に考えてからでさえも、なお見落としや勘違いをしやすいものなのだ。それなのに感情に走って冷静な態度を失った人間が、どうして利益を得られようか。わかりきったことである。そして天井を売らず底を買わずについて、松辰は次のように説いている。

○天井を売らず、底を買わず。ということは、二つの解釈が考えられる。

○第一の解釈。天井売らずということは、天井と思って売ったところが天井ではなくて相場はさらに高くなり底だと思って買ったのにさらに下がってしまうというように、『金泉録』の「もうはまだなり。まだはもうなり」との意味。

○第二の解釈。手持ちの玉を天井で売ろう、底で買おう、と狙っていると、どうしても狙いすぎて逆に損してしまうものだから、少し早めくらいに手仕舞いしたほうがよい。すなわち「利は七〜八分にて取れ」との意味。

○この二つのどれが正しいのだろうか。実は、両方の意味を含んでいるのではないかとも思えるのだ。

○それ天井だ、底だといっても、そういう極端な値というものは、どうしても国民経済上は害があるものなのだ。

○よって大手としては理想ということになるが、この天井近くで玉が手仕舞われ、なおドテンしていて天底では玉が引っかかっていなければならない、ということになってくる。

○小口の人としては、下がりかけに売り、上がりかけに買い、ということでよいといえる。天井や底を狙って仕掛けたあと「もうはまだなり」の例えのように、さらに値が動けば心理的に負けて損切りしてしまうのだから、天井や底を見極めてから仕掛ければよいのである。

○私は父と、以下のような話をしたことがある（私とは松辰。父とは松辰の父、筆者の祖父の松村忠七）。
忠七「初めに見込みを立てて玉を持ち、幸い見込みが当たって何もかもがうまくいったときには一枚の玉も無い、というようにせよ」
松辰「相場が考えていたようにうまくいったときには、十分に利が乗ってから手仕舞いすればよいではないですか。そのときに一枚の玉も無いのでは、仕掛けた意味が無いのではありませんか」
忠七「相場が思い通りになるのは天井や底、すなわち転換点に近いときなのだ。だから、仕損じる恐れが大いにある。仮に天井や底の直前で手仕舞いできたとすると、これに向かった相手の人はすぐに損をすることになる。相手にも利食いの余地を残しておくようにしなければならない」

なお、松辰は「利は七〜八分にて取れ」について、次のように書いている。

○『八木虎の巻』には、「商いの利分の時、六〜七分にて取り申すべきものなり」と書いてある。ほかの本にも「利は七〜八分にて取れ」と書かれているが、『八木虎の巻』には、さらに一歩進めて「六〜七分」と書いてある。

○深い意味があるとともに、それほど利食い撤退というものは大切なものだ。

わかりやすいと思うからこれ以上の説明はしないが、実例を一つ挙げてみよう。これは私自身は面識のない、苗村又左衛門氏のことだ。

親しくしていた人によると同氏は、裸一貫から身を起こして財産をつくった人で兜町の人ではないが、いつも株をやる前に「こんどは何円切りの利益を目標にする」と言って、初めから利食いの目標点を決めていたのだ。そして、その値にきたらサッサと手を引いてそのあとはあっさりとしている。

前に、他人に頼まれて東京モスリン会社の整理を引き受けたことがあり、無理に重役にされてしまい株式一万何千株かを一株一三円で買わされた。

その後、会社の整理は順調に進み、それに伴って相場も上昇して四五円になったら、苗村氏は惜し気もなく社長の椅子を降りて持ち株も売ってしまった。周囲の者は、せっかく努力して会社も良くなり配当もできるようになったのだから今やめるのはなんとも惜しいと止めたのだが、苗村氏はやはり手を引いた。

その後、同社株はさらに上がって一時は七〇円台になったが、昭和二年のモラトリアム(注)に前後して社業は衰退し、市場から姿を消してしまった。

苗村氏は相場のコツを十分に心得ていたのだ。

誰でもチャンスを狙って仕掛けたときはよいが、退却のときは人気に巻き込まれたり、いろいろな欲が出て計画通り上手に退却できないものである。あれだけ成功した松辰でさえも、退却の潮どきを誤った。松辰が全盛のころ、故渋沢栄一子爵は松辰に相場をやめるように勧め、松辰もやめる心算でいた。だが天魔にだまされたのか、明治四十一年の大買い占めに巻き込まれ数百万円の財産を秋の木の葉のように散らしてしまったのである。

退却の予定を立てたとしても、実行となるとなかなか難しい。すべて物事の実行というものは中心をしっかり持たないとできない、ということを改めて考えさせられるのだ。

【注】モラトリアム　金融大恐慌

片岡蔵相失言

昭和二年春の第五二議会では政友会と政友本党が、朴烈問題や松島遊廓問題で若槻内閣不信任案を出したが、三日間の停会中に三党首会見となり、正面衝突を避けた。しかし政府が出した日銀の損失を補償する震災手形補償法案と、被割引銀行を救済するための震災手形善後処理法案が、震災手形の大口債務者台湾銀行を通じて神戸の貿易商社鈴木商店の救済を意図するものであるとする「政商救済反対」という院外運動が起こったものの、二法案は三月四日衆議院を通過し貴族院でも可決され、同月末日に公布された。この間の同月十四日、衆議院予算総会で政友会の吉植庄一郎が問題を蒸し返して質問したのに対し、片岡蔵相が答弁中に不用意にも「本日渡辺銀行が破綻した。預金は三七〇〇万円ばかりだ。何とか救済しなければならぬと思う」と発言したので、これが口火となって未曽有の金融大恐慌を起こした。

そうでなくても神経過敏になっていた預金者は蔵相の失言に刺激され、たちまち各所で取り付け騒ぎが起こった。ために当の東京渡辺銀行および同系統のあかじ貯蓄銀行が翌十五日から二週間の休業を発表したのを皮切りに、十九日には中井銀行、二十二日には村井、中沢、八十四、左右田の各銀行が相次いで休業した。預金者の不安は募る一方なので、政府および日銀は二十二日財界安定に関する声明を発するとともに、「以後、取り付けを受けた銀行に対しては、条規にとらわれず非常貸出を行う」という方針を明らかにした。

鈴木の破綻、台銀休業

日銀の救済声明で金融不安も一時鎮静したが、四月早々に鈴木商店が破綻して新規取引を中止し、その整理を債権者である台湾銀行に一任したために再び金融恐慌が起こって株価も暴落した。鈴木商店の破綻は前月二十七日、台銀から新規貸付を停止されたのが直接の原因とされているが、この時すでに台銀に三億円、各銀行に一億円に上る債務があり、台銀はまた負債総額八億九〇〇〇万円を抱えていた。加えてこのころ他行のコール引き上げに苦しんでいたから、鈴木の破綻はそのまま台銀の危機となった。政府もその救済策として、政府補償のもとに日銀から台銀に二億円の非常貸出をすることになり、緊急勅令を公布すべく十五日裁可を仰いだが、諮詢(注)された枢密院は十七日に否決した。そこで若槻内閣は責任を取って即日、総辞職を決行した。『日本の一世紀』(昭和四十三年、全日本連盟発行)

【注】　諮詢（しじゅん）　参考として他の機関に意見を聞くこと。

第二項　利食い後の態度について

『松辰遺稿』には、次のように書いてある。

○　すでに仕掛け玉があって利が乗っている場合は手仕舞いすればよいのだが、ドテンすることは、これまで売りなり買いなりの建て玉に対して、はなはだ礼を失することだ。

利が乗ったとき、もう相場はこの辺だろうと思って利食いしてしまうのはよいが、利食いをしたあとどうすればよいか――たとえば追撃する、ドテンする、休む、という三つの方法なのだが――市場の人たちの現実を見てみると休む人は少なく、ほとんどの人はさらなる売買で次の利益を求めて活動を続ける。

もちろん、市場に出入りしている人たちなら、利食い七～八分ということは十分に心得ている。しかし引き際をきれいにする人は少ないもので、「飛ぶ鳥あとを濁さず」という言葉の通りに行動できる人は少ないのだ。

相場における第二回戦はあまり良くない結果になるのが普通のようだが、その理由は以下の通りといえるだろう。

① 第一回戦で成功しているため、なんとなくおごってしまい、作戦も実行もいいかげんになりやすい。

② 第一回戦の最後に七、八分の利益で余裕を持って収めたが、つい欲張って二回戦に臨んでしまった。

③ 第一回戦を始めるときは知っていても知らなくても、松辰の大法則、すなわち国民経済上有害な相場の居所訂正の原則に商いが合致していた（上げ過ぎていたか、下げ過ぎていた）が、利食いしたあとは公経済上適正なところに戻っていた。だから、仕掛けても有利とはいえない状態になっていた。

④ 本間宗久の〝二つ仕舞い、三つ十分、四つ転じ〟からみても、利食い七、八分で手仕舞いしたところは相場の居所において第二段か第三段になっていたはずで、さらに追いかけることにそもそも無理があった。

したがって、利食いしたあとは何もせずに見ていたほうがよいのであり、さらに欲張って手を出すべきではないのだ。手を出さないで我慢するのは辛いことだが、それをすることも大切なことだといえよう。

人によっては、「四つ転じ」は利食い後のドテンのことではないかと異論を唱えるかもしれない。しかし松辰の「利食い後のドテン」とは、利食い後すぐのドテンである。これに対して宗久の四つ転じの意味は、少なくとも中勢もしくは大勢の流れの上のもので、目先の動きとは全く違うものなのだ。

第三項　損したときの退却の仕方（投げ、踏み、両建て、ドテンの可否）

投げと踏みとが奥の手

投げと踏みが奥の手などというと素人は笑うかもしれないが、実は投げと踏みを実行するか否か、できるか否かが、素人と玄人との分かれ目なのである。どんな人でも神様ではないのだから、失敗ということが必ずある。しまったと思ったら、サッと手を引くことだ。

論語に、「過ちては改むるにはばかることなかれ」（過ちを犯したときは躊躇《ちゅうちょ》なく改めよ）とある。碁を打つにも、初心者は死んだ石にいつまでもかじりついているものだが、少し強くなると死んだ石にはさっさと見切りをつけてほかの有利な場所に目を向ける。相場も同じことだ。損を小さくしようとしていろいろと手を打って結局損を大きくするのはつまらないことで、損の見切りの決断が鈍いのはダメなのである。

この場合、そのうちになんとかなるだろうと構えている者も、また損を取り返そうと焦ってなお深みにはまっていく者も、カネの切れ目が縁の切れ目、追証を入れられなくてはじめて投げ出すなんて、実につまらないことだ。

プロは損切りが早い。自分の見込みが違うことに早く気づき、いったん損は損として出しておいて次の作戦に移る。だから少ない損ですむ。損の見切りが早いかどうかは、上手下手の分かれ道なのだ。

私は以前、ある銀行に勤めたことがある。その銀行は九州佐賀炭鉱に八〇〇〇万円の貸出があって、数人の行員が専門で同炭鉱の貸出業務を行っていた。どうしてこんな巨大な貸出になったのかというと、はじめは一支店の貸出が一〇〇〇万円に達してその返済が延び、さらに融資するという悪循環となってとうとう八〇〇〇万円になったのだ。初めの二〇〇万円や三〇〇万円の時点で見切りをつけ貸し倒れとして処理すればよかったのに、銀行の幹部が未練がましく死んだ貸出先を生かそうとしてさらに融資を続けたためにこんなに大きくなってしまったのだ。魚屋は、手持ちの魚が腐ると思えば仕入値にかまわずバッタ売り（安売り）してしまう。銀行幹部より魚屋のほうがよほど相場のコツ、すなわち〝投げの一手〟を心得ている。

損のときのドテン可否論

見通しを誤ったとき、ドテンするのが果たして最良か。この点は研究を要する。『松辰遺稿』には、利食い後のドテンについては、それまでの建て玉に対して礼を失するから悪いとあるが、損のときのドテンについては何も書いていない。そこで、筆者の考えを述べてみよう。

これについては、答えを一つに決めつけることはできない。その人の（相場の張り方の）癖や状況によって違ってくるからだ。

たとえば、日銀の利下げを機に株を買ったが上がらないどころか下がってしまったようなとき、利下げが前もって予想されていたのならドテンしないほうがよい。しかし、抜き打ち的に利下げが行われたにもかかわらず相場に利かないようなときは、相場の居所や取組の状態からみて、もう買い余地なしと判断できるのだから、ドテン売り越してよいということになる。むしろ積極的に売って、国民経済上有害な相場（どんな強材料も受けつけない居所は公経済上有害）の居所を矯正すべきなのであろう。よって損のときは、場合によってはドテンが許されるものと思うのだ。

第四項　第六感に従って良いか悪いか

『八木虎の巻』には次のように書かれている。

気に当たるということあり。たとえば売り玉あるとき、何となく上がるのではないかと気になることがあるが、そういうときはいったん手をすかせたほうがよい。

翌日に再び売ってもよいのだから。買い玉があるときも同じ。

すなわち売っているときに、第六感でもいいから相場が高いという気がしたときには、その日のうちに手仕舞いしたほうがよい。やろうと思えば、翌日に売り直すことだってできるのだから。つまり、長い年月の経験によって積み重ねられたものから出てきた〝感〟は、それなりに大切にすべきものなのである。

『八木虎の巻』は、そういう第六感によって手仕舞いしてもよいと言っている。しかし、新規の商いについてはなんとも言っていない。だからこの点には研究の余地があるのだが、今は〝何も言えない〟としておく。

第五項　解け合いを申し込まれて拒絶するのは礼に反する

解け合いは株式市場にはあまり無いことだが、期米市場ではよくみられる。そして相手方から解け合いを申し込まれたときに面会すると人情として断れなくなるので、それを避けるために旅行に行ったり雲隠れしたりして逃げ回る者がいる。こんなことをしてまでも解け合いを避けた結果は、たいてい反動がきて解け合いを避けた側が失敗となることが多い。その失敗の原因は次のようである。

①　五常の説の礼に背いている。

②　松辰の大法則からみれば、相場の居所が国民経済上有害な場合に限って商いをすべきである。しかるに、敵方が降参を申し込むような場合には、すでに国民経済上有害な相場の居所ではなくなっている。

③　本間宗久の三位の伝からみれば、敵将が白旗を揚げているくらいだから、相場の居所は第三段か第四段になっていて、解け合い談合がなくても手仕舞いすべきところになっている。

④　解け合いの話が始まっているようなときは、市場の人気が白熱して近く転換点になりそうなところとみてよく、『三猿金泉録』の「万人が万人ながら強気なら下がるべき理を含む米なり」という言葉を適用すべき状況になりつつあるか、それに近いものとみるべきである。

⑤　大手としては、解け合いに応じなければ今の大きな玉を一気に利食いするチャンスはない。

⑥　解け合いの話が来たのに避けるのは、それこそ、ますます欲張りになって目が見えなくなっているだけである。

以上のような理由で、サヤ取りなどの特殊な場合を除いては、敵からの解け合いに応じるのが市場で売買している者の道といえるものと思う。

もっとも、いいかげんな「抜け解け合い」ばかり行っている特殊な専門家の申し出には応ずる必要はない。たとえば、相場が意のままにならないとすぐに相手を探して任意の解け合いを行い、その翌日から再び同じような商いをする——こんなずるいやり方をする人がいるが、そんな人は市場の人たちから軽蔑されているのだから、もし申し出を受けても応じる必要はないのである。

第三章　智の巻

智について松辰遺稿には、次のように書いてある。

○『三猿金泉録』には、乗せ（利乗せ）は智なりと書かれている。

○『八木虎の巻』では、強いていえば「作割金割」(注)だとしている。

○私の考えでは、現代においては作割金割に代わるべきは調査であると思う。調査とは株式市場なら、会社の内容、金利の高低等の諸事情を完全無欠に計算して研究することだ。

【注】作割金割（さくわりかねわり）　作柄や値段について、大体の見当をつけておくこと

そして調査については、私が将来発行する本に詳しく書く予定なので（この本が発行

されたかどうかは不明、編者注)、ここでは説明しない。そしてこれから、相場の研究方法について述べることにする。

第一項　相場学の研究の仕方

普通の研究法

相場の学理(注)を研究するには、我々が学校において経済学を研究する方法をそのまま用いればよい。すなわち、帰納、演繹(注)の両方を用いるわけだ。帰納法とは、いろいろな経済現象、つまり経験に基づいて法則を見出すことで、演繹法とは、ある法則を実際の経験に当てはめてみることである。この両方を用いるのが、普通の研究の仕方である。

【注】　学理(がくり)　学問上の原理や理論。

帰納法（きのうほう）　個々の具体的事実から一般的な命題ないし法則を導き出すこと。特殊から普遍を導き出すこと。

演繹法（えんえきほう）　推論の一種。（広辞苑）

温故知新

『八木豹の巻』には次のように書かれている。

　相場は毎日同じことにて同じことにあらず。古く新しく、新しく古い。日々新たなりと。

これについて『松辰遺稿』には、次のように書かれている。
○　『八木豹の巻』のこの一言は、論語の「温故知新」という言葉と同じ意味だと思う。
○　相場というものは、一年中同じようでそうではなく、毎日毎日新しいことを生んでいると思われる。
○　しかしその新しいことも、突然に出てくるというよりも古いことが変化する場合が多いものだ。昔から「故きを温ね新しきを知る」といわれるように、古いことが元になっているようである。

○しかし古いことだけを知って新しいことを研究しなかったら、時代に遅れて失敗してしまう。

○一方、新しいことを知っても古いことを知らなかったならば、毎日発生する新しい状況や材料に対して正確な判断ができない。

○よって、物事の将来を測るには過去の事実と現在の状況を明らかにして将来を推定するほかはない、ということになる。

○過去については、およそ二〇年前からの推移を知る必要があるといえる。

○なぜ二〇年かというと、景気循環一〇年一回転説が正しいか否かは別として、いままで、日清、日露、欧州などの戦争は、およそ一〇年ごとに起きている。その経過を見てみると、外交問題が起きてから戦争になりそして平和になるまでの株式の騰落はほとんど同一の経路をたどっており、最終の暴落まで一致しているのである。

○米国市場においても、大相場はおよそ一〇年を周期としている。

○だから、一〇年の大きな上げ下げを一回経験していれば、それで十分かもしれない。

○ところが二回目に直面してみると、前の一〇年と今回の一〇年は事情が違うなどと独り善がりの解釈をしがちである。しかし結局、歴史は繰り返すということがわかってくるのである。

○　よって二〇年という経験、または調査が行われる必要があるということだ。

○　しかしその二〇年以上のことを熟知した人は、現在の状況を調査するために同じことを繰り返すのはムダだと思うようになり、調査がいいかげんになりやすい。これでは進歩しない。

○　進歩しないということは退歩するということであり、絶望的である。

○　よって、二〇年前からの統計や調査を有効に活用していかなければならない、ということである。

ナポレオンはロシアに攻め入る時、ロシアの降雪について過去四〇年間の記録を調査したが、四〇年間なかったほどの大雪で散々な目に遭った。半年や一年くらいの調査で成功できるくらいなら、ナポレオンは大成功している道理である。松辰のいう二〇年の統計や調査は、それこそ最低限度ということになる。

相場奥義の研究の仕方

『八木虎の巻』に「気に当たる」と書かれていることは前にも述べた。松辰は、これをもう一歩進めて相場道研究の仕方を説明している。

○ 誰でも相場の研究をするときは、はじめは父や先輩などから説明を受けるか本や新聞・雑誌などを読んだり調べたり、また専門家の行動を参考にするものである。

○ しかし、それだけではどうしても一般の水準に、いやそれ以下にとどまり、上の水準に行くことはできない。

○ よって、ある程度の勉強をしたあとは、もうお手本にするものも無くなり読む本も無くなってしまう。どうすればよいのか、わからなくなってしまうのだ。

○ 大げさに言えば、天体の運行から目の前の魚や虫の行動まで、あらゆるものすべてが教師として存在するといえる。

○ しかし、どうすればよいのかわからないことが多いのも事実である。すぐに良い結果が得られるものではない。

○ 偶然を期待しても前述の「気に当たる」ことを望んでも、それがすぐに得られるわけではない。

例を挙げてみよう。松辰が相場に失敗したある年の秋に、しばらく大阪に行くと言って家を出て行ったがすぐに慌てて戻ってきた。私（忠次郎）が「なんでこんなに早く帰ってきたのですか」と聞くと、次のように答えた。

「今朝起きて顔を洗った時、自分の吐く息が白く見えた。まだそんな気候でもないのに息が白く見えるということは、今年の米は世間でいうほどの豊作ではなさそうだ。真夏なら多少天候が不良でも回復できるがもう秋だから、これからの回復は期待できそうにない。期米は買い有利だ」

そして旧知の増井寅之助の店に頼んで期米を買い、ずいぶんと儲けた。この話などは、常に相場に気を配っているとヒントが得られる好例だと思う。

松辰一代の名言

ある冬の日、小春日和の日曜日の朝、松辰はゆっくりと新聞を読んでいた。松辰は能

が好きなので能の記事が目についた。その記事には故人の梅若萬三郎氏の言葉として

謡曲は謡うて謡わず、謡わずして謡う
舞いは舞うて舞わず、舞わずして舞う

と書いてあった。松辰は私に、「この言葉を相場に応用するとどうなると思う」と尋ねた。当時の私は学校を出たばかりで、いきなりこんなことを聞かれてまごまごしていた。すると松辰は、

ソロバンは持って持たず、持たずして持ち
相場の足には付いて付かず、付かずして付く

と教えてくれた。

これは、たしかに松辰一代の名言と思う。

まず、「ソロバンは持って持たず、持たずして持つ」の意味から説明しよう。

○ ソロバンとは、利回りとか「サヤ」といった狭義の意味ではなく、もっと広く「諸材料」という意味である。

○ 「ソロバンを持つ」とは、諸材料を皮肉に解釈しないでそのまま素直に考えること

である。

○「ソロバンを持たず」とは、諸材料を無視したり反対の意味に解釈することである。

○結局、多くの材料をその原則通りに解釈して実践に臨むことであるが、周囲の情勢によっては原則通りに解釈できない場合もあるのだから、相場の居所や日柄などの事情を考えて結論を出すべきである、ということだ。

松辰はまた、次のように言った。

「『三猿金泉録』の中に

理と非との　中に籠《こ》もれる　理外の理

米の高下の　源《みなもと》と知れ

とあるが、この歌は材料を調査研究する上で深い意味が含まれているものと思う」

次に、「相場の足には付いて付かず、付かずして付く」(注)という言葉を説明しよう。

【注】足に付く　材料の判断などによらず、相場の流れに従ってポジションを取ること。

相場の足に付くのが原則であるが、足に逆向かいすべき場合も相当に多い、という意味なのである。

大体、大勢というものは、一日や二日で方向転換するものではない。猫の目のように大勢が変化していくようでは、経済界が耐えられない。よって、大体のところは大勢の相場の動きに付いて商いすればよい。

しかし足にばかり付いて、高いといっては買い、安いといっては売りをやっていては、必ず天井をつかみ底をたたくに決まっている。足に付いてばかりいてはならないのだ。

では、どうすればよいのか。私は逆張りに最も適当なのは、

① 保合相場

② 本間宗久の三位の伝からみて相場が第三段階から第四段の居所にあるとき

の二つの場合だと思う。しかし別に規則というものはないのだから、やはりその時々によっての対処法をなすべきものと思う(なお、逆張りについては後のナンピン論を参照のこと)。

このようないろいろな相場への対処法は、松辰のように、ちょっとしたことからもヒ

ントが得られるものであり、この道一筋に努力してこそ得られるものだということがわかる。努力は大切である。

第二項　自分の性質に適応した商いの仕方を工夫せよ

伊豆熱海温泉の梅林。元日の太陽が照り梅の香の匂うところで、松辰は私を含めた家族を連れて散歩していた。すると、梅の香の中に家族連れが現れた。兜町の取引員とその家族で、すれ違いながら新年のあいさつをした。その人は冗談みたいに、「松村さん、一〇〇万円儲けるにはどうしたらよいのですか」といきなり声をかけてきた。

この突然の質問に周りの人たちは皆、笑ってしまった。私も子供ながらにおかしい雰囲気がわかったから、よく覚えている。松辰は無口なほうだが、この時は珍しくニコニコしながら返事をした。

「なーに、それはね、ただ自分の性質、長所短所に適応するような商いの仕方を工夫することですよ」

その人は、もっと気の利いた返事を聞きたかったようだが、松辰の平凡な答えに見事にはぐらかされた。だがこの一言は、平凡なようでいてなかなか意味が深いのだ。

人間はそれぞれ顔が違うように、長所短所などの性質も違っている。長所を伸ばし短所を抑えたり矯正するなどの工夫をすれば、事はうまく運ぶ。相場においては、特にそういえるだろう。

たとえば、引かれ腰が強くて困るというような人は、初めから引かされた場合に損切るところを決めてかかればよい。株式でいえば三円とか五円とか引かされたら、いかなる事情があっても玉を切ることにする――こんなふうに自分の短所を補っていくのだ。

松辰はすぐ玉を大きくする癖があるので、東株一日の出来高の何分の一、または日銀券発行高の何分の一以上は商いしない、などと決めていた。それでもうっかり、この制限を超えて建玉して苦労したこともあった。どうしても人気に巻き込まれて玉を大きくしてしまう癖のある人は、人気に逆らうよう心掛けなければならないといえよう。

また、雑株では儲けるが新東では損ばかりしているといった人も多いといわれるが、こういう人は新東には手を出さないのがよいといえる。また、年がら年中商いをしていなければいられないという人がいるが、これなどは病的ともいえる癖だ。根拠も目標もないということで商いをする資格はないともいえるが、考えてみればわかるように、サヤ取りに転向するとか株から米や綿糸に行くとか、あるいは思い切って旅行に行って気分転換を図るようにすべきである。

もともと癖というのは十人十色で、いちいち取り上げていてはきりがない。なくて七癖ともいわれるくらいなのだから、それぞれ自分の長所短所をよく考えた上で、成功のため、一大決心のもとに実行するのが肝要である。

第三項　万年強気がよいか万年弱気がよいか

『八木虎の巻』には、「万年弱気」と「万年強気」について、次のように書かれている。

問題　投機市場においては、何を基にして売買すればよいのか。

答え　投機市場に立つ人はそれぞれで研究した原理原則を応用して、売りがよいか買いがよいかといった方針を決定すべきである。買いの好きな人がいれば、売りの好きな人もいる。中には何が何でも売りは嫌いだという人や、どうしても買いはできないという偏った人もいる。それぞれが、各自の長所を生かして行うのがよい。

『松辰遺稿』では、これに対して次のように説明している。

○「敵を知り、己を知る」は、兵家（へいか、軍略と攻略を説いた中国の古代思想＝編者注）の第一義といわれる。市況を調査して、自分の性格に適応する方法を取ることが最も大切なのである。

○自分の性質や相場の張り癖について、万年強気、万年弱気という言い方があるが、これについて少し考えを述べてみよう。

○売りを好んで買いを嫌う人がいる。逆に、買いを好んで売りを嫌う人がいる。

○両方とも、儲けた経験と損した経験から次第に偏り、癖がついたのであろう。

○考えようによっては、少しぐらいなら偏っていたほうが、かえって方針も決まり腕も上がるからよい、ともいえる。

○こういう歌がある。

まるかれや　ただまるかれや　人ごころ
かどのあるには　物のかかるに
まるくとも　一角あれや　人ごころ
あまり丸きは　ころびやすいぞ

○強弱のどちらにも偏らず、上げ相場でも下げ相場でも利益を上げられる人が名人といわれるのかもしれないが、そのような理想的な人は、逆にどこかで大きな損失を招く可能性もある。

○偏りを避けようとするのは当然だが、大方針を決めておいて、状況が転換するまではそれを守り、転換したら転換した方向に進むのがよい。

○ただし、偏りすぎるのは、よいことではない。

万年弱気

○自分は万年弱気だと言って、一年中売りしかしない人がいる。その人にとっては習慣のようなもので本人は気がつかないのかもしれないが、株式についてなら下がらなければ利益にならず上がれば損なのだから、年がら年中弱材料や突発的な悲観材料を待っていることになり、他人には世の中の悪化を望んでいるように思われてしまう。

○　自分自身でも、知らないうちにそういう気分になってしまうことを、自分で気がついて驚くようなこともあるだろう。

○　こんなふうになると、藤原永手公の、いわゆる「悪しきことを楽しむ」(注)という弊害に陥ってしまう心配がある。

【注】　悪しきことを楽しむ　「善心ヲ好ミテ常ニ有ル者ハ、其ノ善カル事ヲ楽シム。悪心ヲ好ミテ常ニ有ル者ハ、其ノ悪カル事ヲ楽シム。其ノ楽シム所ハ一ツナリ。其ノ善キ事ト悪シキ事トハ天地ト隔テリ」と藤原永手公が言ったこと。

つまり、世が良いのを望むのと世が悪くなるのを望むのでは天と地ほど違う、という意味。

万年強気

○万年強気で、一年中買いばかりして売ることをしない人がいるが、これもその人の習慣になっているのだ。

○強気だから、下がれば損をし上がれば利益だ。だから、毎日の出来事や突発事件に対して好材料を望んでいる。しかし次第に欲張りになってしまい、「もっともっと」と高望みして大暴落に遭ってしまったりする。

○相場は、売り屋が売って下がり、買い屋が買って上がるとはいっても、力を入れた割に効果は少ないもので、売り方の踏みや買い方の投げのほうが勢いあるものなのである。

○よって買い方は、大きく下がって投げなければならなくなる状況を避けるべきだ。そして売り方は、踏まなければならない状況にならないように常に心掛けるべきである。

○とにかく、世の中は十人十色。売りの好きな人、買いの好きな人、利乗せの得意な人、ナンピン上手な人などいろいろいるのだから、それぞれが自分の長所や短所に注意して商いの仕方を考えていくのがよいといえる。
また「智」について注意しなければならないことを、松辰は次のように述べている。

○　智というものは理屈っぽくて実行が困難なことなので、一歩間違えれば『八木虎の巻』に書かれている「強欲」になってしまう。

○　また「仁のない智」は智でないことになり、凶悪ともいえる。

松辰の言う「仁なき智」とは、たとえば相場が上がるとみて時機を待つのではなく、強引に、それこそ腕力にまかせて買う、といったことを戒めているものと思われる。

第四項　時代の特徴、相場の特徴をつかむこと

「己を知り彼を知る」といわれるのは、自分の特性や長所短所を知ったら次には「彼」、

すなわち対象物である「相場」の特性を知らなければならない、ということである。時代の流れや潮流というものを知ると知らないとでは、たいへんな違いが生じる。

たとえば「雑株の物色買い」と一口にいわれるが、「金輸出再禁止による為替安」を背景にしたものと「軍備拡張」を背景にしたものとでは、銘柄の選択が全く異なる。前者では為替に関係ある銘柄を選ばなければならないし、後者では軍需品関係の株を選ばなければならない。

このように、その時代の潮流の特徴をよくつかんで、それに適応したやり方をしなければならないのだ。

松辰は、「己を知り彼を知る」の意味をとても広く考えていたものと思われる。

第四章　義と信との巻

第一項　義の本義および大手とマバラの商いの仕方

義の本義

漢字の意味を調べると「義」とは、周辺の諸事情を考え、なすべきことをなし、なすべからざることをなさず、という意味である。

そして、さらに「時」に関するものと、「場合」に関するものの二種類に分けることができる。すなわち「今なすべき時か否か」、または周囲の環境からみて「するほうがよいかどうか」をよく考えて判断し実行するのが、「義」というものなのだ。

これは、私（忠次郎）が中学時代に先生から教わったものである。そして相場道からみれば、つまり松辰の大法則に従えば次のようになる。

相場が、その時代の環境に照らして高過ぎ、国民経済上害になると思えば売れ。

また、相場の居所が安過ぎて国民経済上害になると思えば買え。

さらに一歩進んで相場の調節はプロである相場師の職責であるから、公経済上有害と認められるときは、国家に殉死するくらいの覚悟をもって向かわなければいけないとも言っている。

これは

衆人が買いたいときに値が高ければ売り

衆人が売りたいときに値が安ければ買い

というものと一致する。

以上のことは、古今東西多くの本に書かれていたり、実践家が言っている。

○『三猿金泉録』

万人が万人ながら弱気なら上がるべき理を含む米なり。千人が千人ながら強気なら下がるべき理を含む米なり。

○ **本間宗久翁**

米も弱く、人気も弱く、我も売りたき時は心を転じて買い方に回るべく、また米も強く、人気も強く、我もまた買いたい時は天井に違いないのだから、心を転じて売るべきなり。

○　ロスチャイルド

人皆売るときは買え、皆買うときは売れ。

以上のことを実行するのが「義」というものなのだ。

大手は最善の戦法、マバラは次善の戦法

『松辰遺稿』では、「最善は高きとき売り、安きとき買う。次善はこれより下がるとき売り、これより上がるとき買う」とも言っている。最善の戦法は純然たる松辰大法則に基づくもの、つまり公経済に害ある場合にはあくまでも逆らい、公のためには殉死すらいとわぬ覚悟を持て、という考え方が含まれているのだ。

しかし、資金の小さいマバラ党にこれを望むのは無理である。もっとも多量の資金が

あっても少枚数しか張らないのならば、それはそれではなはだ良いことなのだが、そういう人はあまりいない。多くの人は持っている資金を使って目一杯張ってしまう。だから一般の人は、松辰の言う次善の策である「上がるときに買い、下がるときを狙って売る」というようなやり方が良いのではないかと思われる。

第二項　義は信と勇を伴う

義は信と勇を伴う

義は勇がなければ実行できない。論語にも「義をみてせざるは勇なきなり」とある。ここが天井だと判断したら、思い切って売るのがよい。ぐずぐずして機を逃すのは、腰抜けのすることだ。

また、勇は信によって生じる。信とは、信念がしっかりしていることだ。朝、家を出る時に考えて「今日は売る」と決めたのに、市場に来たら人気が強いので、つい買いの手を振ってしまった。それが天井で「はじめに考えたとおりに売っていればよかった、儲けられた……」なんて愚痴を言うのは、よくあることだ。もちろん自分の信念がぐらついていたからいけないのであって、信念に基づいて迷わず商いするべきなのだが、言うは易く実行するのは難しい。

『商家秘録』の天井と底の説明にも、「義」と「信」について次のように書かれている。

一般に投機する人の癖として、下げ止まったところで弱材料を言い、上がりつめたところで強い材料を話す。これは、目先について迷うのと人気に踊らされているからで、自分がしっかりしていないからだといえる。自分がしっかりしていれば途中で挫折することなく、また他人の話を聞いて迷ったりなどしない。自分の行動を一貫させることができる。天井や底などは一年に二度か三度しかないのに、それが外れたのではどうするのか。それこそ、一生一度のことと思って行動すべきなのである。

勝海舟の相場風

勝海舟が相場をやっていたとしたら、さぞや名人だったに違いない。幕府追討の官軍が攻めてきた時、味方の軍勢はそれを迎え撃とうと狂気のように騒いでいた。しかし慶喜公や勝海舟が、静かに恭順と覚悟を決めた。これは『相場金泉録』の法にかなっている。

官軍が東海道を江戸に進んできているのに、静かにして、味方からも疑われたが動ぜず、機が熟するのを待ち、江戸が戦火になる寸前、敵の西郷と談笑のうちに江戸城の明け渡しをすませてしまった。これは、官軍に全面的に屈したわけではない。官軍の戦意を一瞬に鎮め戦争を回避した呼吸には、信と義とからみてなんともいえない妙味があるといえよう。

第三項　迷いと断行

迷いは敵なり

『商家秘録』には、次のように書かれている。

方針が決まったら他人と話し合ったりせず、迷わずに実行するのがよい。その商いが誤りだったら、すぐに取り消せばいいのだ。いったん決めたら実行することだ。今日の計画は明日は間違っているかもしれない。といっても、それは明日になってみなければわからない。今日は今日の最善を尽くすことだ。こういうことについて、よくよく考えるべきである。

何事によらず、迷いは禁物である。女性がデパートで服を選ぶとき、あれこれ迷った末に一番悪いものを買い、帰ってきてから後悔する。そしてもう一度デパートに行って、品物を交換する。このような迷いは相場にもあるが、品物と違って交換できない。迷ったら最悪の手を打つに決まっている。迷った末の実行はよくない。そういうときは休むべきである。

八、九分の理があれば

松辰の遺稿には、「八、九分くらいの判断で仕掛けてかまわない。もし、十分に納得できる状況になるまで待っていると仕掛け遅れになることがある」と書かれている。これは考えようによっていろいろな解釈ができるので、それを述べよう。

第一の解釈は、調査の深さに関することだ。松辰の大法則に従って今の相場は国民経済上有害かどうかを調べるのは、それこそたいへんである。証券会社は調査部という専門の部署を置き、そこでは専門の人たちが仕事をしている。しかし一般の人は自分一人でやるのだから、十分な調査をするのはたいへんなことである。十分に調査してから商いをしようとしたら、チャンスを逃す恐れがある。よって調査は七、八分、八、九分にせよという表面上の解釈もできる。

松辰の真意は、調査をいい加減にせよというのではなく、程度問題だということだ。大体の調査がついて、商いの方針さえ立てられたならそれでよい。調査も大切だがそのためにチャンスを逃すな、という意味に解釈できるのだ。

外国のことわざに、「飛ぶ前にまず四辺を見よ。しかれども動くこと無きは決して造ることなし」というものがある。仁によって相場を待つのはよいが、考えてばかりで売買しないのでは何もならない。絶好のチャンスだと思ったら、大いにやるのがよい。進むも退くも男らしく、決断を早くして実行する意気込みがほしい。松辰の言葉は、こう解釈することができる。

第二の解釈は、相場の考え方（材料の見方）についての松辰の意見ではないかと思えるものだ。たとえば、材料が一〇個あるとする。一〇個が一〇個とも強材料とか、全部が弱材料、というようなことはおそらくない。だから、弱材料が七か八現れたなら売り、強材料が七か八現れたならば買いと決断する、という意味にも解釈できる。私（忠次郎）は、「材料ばかり追わずに、売買のタイミングを失うな」との解釈がよいのではないかと思っている。読者の意見はどうなのか、聞いてみたいものだ。

第四項　松辰銅銭の大買い物

「信と義」について、松辰の例を挙げてみよう。松辰はもともと臆病で用心深い性質であったが、相場については全く正反対で、すごく度胸があった。いまでも語り継がれるのは、松辰が相場師になった動機について話してくれたことである。

京都の貨幣相場（注）仲間取引の先物取引制度

取引所が設立される前のことだが、私の家は両替商だった。明治初期の京都や大阪の両替商は、一定の場所に集まって仲間だけの先物取引をやっていた。京都の両替商の各家が、順番に場所を提供していたのだ。私の父の松辰が子供だったころ、その取引仲間の場所に連れて行かれた時は、奥座敷に二〇人くらいの人が集まり二列に並べられた机に座っていて、世話役の二人が取引所の高台（注）のような役目をしていた。各自が自分の希望する数量と指し値を紙に書き、おわんのようなものに入れておく。世話人はそれを集め、数量と指し値を調べて合わせていく。値と数量が合致したときはそのまま合わせ、合わないときはもう一度書き込みを行う。合わなければこれを二、三回繰り返して歩み寄りを図るが、それでも合わないときは物別れとなる。この取引は決して現物の取引ではなく、一定の受渡期日を決めた先物取引（先渡し取引）だ。この取引は当時、各種貨幣の価値の標準を定めるのに非常に役に立ったのである。

【注】**貨幣相場**　古銭のこと。小判や一分金や銀、一朱銀や金（一両＝四分。

一分＝四朱）

高台　市場において撃柝係（げきたくがかり）がセリ取引を決定するために立つ高い台。

銅銭を五〇〇円買う

私の父である松辰は私の祖父と一緒に京都の仲間寄合の取引をときどき見に行っていたから、次第にみんなと顔なじみになった。そのころ大阪では銅貨が値上がりしていて、祖父の松村忠七も松辰も大阪の仲間たちも銅銭の手持ちが少なく困ったことがあった。するとと松辰が、どこから聞いたのかわからないが「お父さん。京都の三井組に銅貨がたくさんあると言っていましたよ」と言い、祖父は「では京都に行って先物で買ってきてくれ」と答えた。松辰が「どのくらいですか」と聞くと、「そうたくさん売ってくれないだろうから、まあできるだけでいいよ」と返事した。

祖父はせいぜい五〇〜六〇円検討と見込んでいたのだ。

そのころは米一石が三円ちょっとだったから五〇〜六〇円でも多いくらいだったが、

松辰は忠七ができるだけ買えというからには、何かすごい理由があるものと思い込んでいたので、三井組で買ったあとほかの店にも行き、合計五〇〇円もの銅貨を買う契約をしてきた。

それを聞いてみんなは驚いたのだが、この多量の買いは大きな利益となったので、「この子は将来、相場師にしたらいい」と周囲の人は忠七に進言した。

これは、ある日の夕食後に話してくれた逸話だが、松辰本人は「人間たるもの機の熟したとき、国のため社会のために思うところを断行すべき見本だ」とも言っていた。

第三編

特殊商い論

第一章　サヤ取り商い

松辰大法則からみてサヤ取りは理想的商い

サヤ取りには三種類ある。

①　時間的サヤ取り
②　場所的サヤ取り
③　銘柄間サヤ取り

時間的サヤ取りとは、たとえば当限が安く先限が高いときには当限を買うと同時に先限を売り、当限の納会で品受けした現物を先限の納会で品渡しして当先間のサヤを稼ぐ取引である。このように、同一銘柄において受渡期日を異にする二銘柄間のサヤに注目して利益を上げる商いを、時間的サヤ取りという。

場所的サヤ取りとは地域間のサヤを取るもので、たとえば東京と大阪では同じ銘柄でも三〇銭から五〇銭のサヤがつくことがあるので、高いほうの市場で売ると同時に安いほうの市場で買い、利益を上げるのだ。

三番目の銘柄間のサヤ取りは、たとえば同じ紡績株で鐘紡が割高で東洋紡が割安になっているとき、鐘紡を売ると同時に東洋紡を買い、その値ザヤを稼ぐ。

もともとサヤ取りというのは価格の平準化を計るものだから、価格の調整をしているといってもよい。だからサヤ取り屋といわれている商店は、自分で意識するしないにかかわらず松辰の大法則にかなった商いをしているわけで、商いは華美ではないが、実利を取りながら年月を重ねて莫大な利益を蓄積する。サヤ取りは、松辰の大法則からして理想的といえるだろう。

ただサヤがごく小さいときは、取引員自身でない限り手数料が抜けないという理由から一般の客筋には手出しできない。しかし銘柄間サヤ取りならば誰でもできるし成功率の高いものだから、利殖として大いに勧めたい。

銘柄間サヤ取りの実例

東京市場の制度が変わり、昔からの「現物取引」(ジキ取引。商い成立より二日以内に受渡をする)が「短期取引」になった時、新東と新鐘を比較して新鐘が割安だったので(新東売り―新鐘買い)のサヤ取りを行い、四〇～五〇円も稼いだことがあった。

また綿糸と生糸との因果関係を調べてみて、綿糸が二〇〇円なら生糸は一六〇〇円でよいということを知った。この知識を用いて、綿糸が割高なら紡績株を売り綿糸が割安ならば紡績株は買い方針を取るという具合にして、大いに稼いだ。ただ現在は綿糸と生糸の比較だけでは不十分で、綿糸、生糸、人絹糸、スフ糸の四つについて比較検討することが必要である。

第二章　ナンピン商い論

第一項　『八木龍の巻』のナンピン論

ナンピン（難平）とは、平均をとることである。たとえば新東を一二〇円で一〇株売ったあと相場が高くなったので一二一円で二〇株売り、さらに一二三円で三〇株売る。そうすると売り玉の平均は一二二円三三銭となり、相場がわずかに下がって一二一円になるだけで三三銭の利益が出る。ナンピンとはこのように、建玉の平均を有利にするための手法である。『八木虎の巻』の姉妹編である『八木龍の巻』には、ナンピン商いについて次のように書かれている。

○「難平」という字が適当であるかどうかはわからないが、もともとこの字が使われていたのだ。ナンピンをしようとする人は、それぞれ研究するべきと思う。

売買で困るのは、買ったあと下がる、売ったあと上がる、このどちらかであろう。だから、難という字は適合している。平という字は、平均の意味である。つまり「難平」とは、悪い状況を均《な》らすということである。

損になっている建玉を抱えているだけではどうしようもないから新しい建玉を加え、合計して損が軽くなればよいということなのだろう。これを物にたとえて言えば、塩辛いので水を足して塩味を薄くするのと同じである。それでもまだ塩辛いならさらに水を加えていく、ということだと思えばよいだろう。

相場は上下に動く。しかし上がるといっても一本調子に上がることは少なく、五分上がって三分下がり、八分上げては三分下がる、というようにジグザグしながら上がっていき、結局は二、三分上がったというようなことになる。

どうしてジグザグに動くのかというと、多くの人が競い寄って売買するのだから売る人もいれば買う人もいるし、上がるときの途中で売る人もいる、下がる途中で買う人もいるからだ。相場というのは、どこが天井でどこが底かがはっきりとわからないのだ。

そこで、ナンピンして不利を軽減すれば損をしないということになり、「利食い、損ナンピン」などといわれている。もちろん、時間と資金を考えて実行しなければ危険である。

○ナンピンをする者は多いが、成功する人は少ないといわれる。それは、ナンピンしても途中でやめてしまうからだ。またナンピンをする者は身代をつぶす（ナンピンすかんぴん）ともいわれている。それなのにナンピンを良い方法だというのは、負け惜しみのような気がする。

○それに答えて、次のようにいわれる。ナンピンをして成功しないのは、多くははじめからナンピンする覚悟がないのに仕方なくナンピンすることがほとんどだからではないか。だから成功しない。中途でやめてしまったら、ナンピンしたことにはならないのだ。

『八木龍の巻』では、ナンピンを激賞している。そして失敗するのは、はじめからナンピンする計画ではなく引かされてヤケになって行うからで、言い換えれば途中から方針を変更してナンピンを行うからだというのだ。そんなものは真の意味のナンピンではない、だから失敗する、といっている。

これについて『松辰遺稿』には、特に何も書かれてはいない。ただ、ナンピンに似ているがナンピンではないやり方を列挙しているから、それを並べてみよう。

第二項　ナンピン商いに要する注意事項

ナンピンについて注意する点はいろいろあるが、『八木龍の巻』にも「時間と資金を考えて実行しなければ危険である」と書かれている。

以下に、注意事項を列挙してみよう。

第一　保合相場に限って用いること

ナンピンの真の妙味は、保合相場のときに発揮される。傾向がはっきりとわかっているときには、単純に買うなり売るなりすればよい。何もわざわざ、複雑なことをする必要はない。

ならば、上か下かがはっきりわからないときにナンピンをすればいいと思う人もいるかもしれないが、これは絶対に良くない。大きな目でみて保合のときだったらよいのだが、もし大きく上か下に動くときにナンピンを仕掛けたら、立ち直れないほどの大きな損をする可能性がある。上昇か下降か保合かの見極めがつかないときは、サヤ取り以外は休むのがよいのだ。

とにかく、ナンピンは保合相場に限るのである。保合相場というのは、ある値段を中心として上下に動いている状況で、中心の値より安いところを買っておけばいつか中心値より上にいって利益になる。しかし上げ相場や下げ相場は、上げっぱなし、下げっぱなしであるから、ナンピンをすれば必ず損をする。よって、ナンピンは保合相場に限ることになる。

第二　保合の性質（種類）によって作戦を変える

ひとくちに保合といっても、いろいろとある。もし中心値を重視する立場からみれば、次のようにいくつかに分類することができる。

① ある一定の値を中心に上下する保合
中心線（＝中心値の線）が水平の場合
② 中心線が上向き（次第に上がっていく）の保合
③ 中心線が下向きの保合
④ 中心線が一定でない高値の保合
⑤ 中心線がない安値浮動の保合
⑥ 大幅な波乱が続く保合

以上のように、多くの形の保合がある。

よってナンピンをするにも、それぞれの場合に応じてやり方を変える必要があるわけである。

第三　市場の人気や材料に無関心であること

市場の人気や材料に無関心でなければ、とうていナンピン商いはできない。理由は、保合の原因を考えればすぐにわかる。

保合の原因は、

①　相当大きな強材料が次々に出現して、それぞれの仕手が材料を宣伝した。しかしそれが一服したとき

②　暴落後の底固めの往来

が主なものといえよう。

①はあまりないケースだ。強材料が出現すると反対の材料が現れ、また強材料が出てくる。しかもそれらが相当大きな材料で、そのつど市場は大きく反応するといった状況が続き、市場が材料に振り回されて疲れ果てた結果、保合ってしまうのだ。こういうときはむしろ、強材料が出ると売り場、弱材料が出ると買い場になってしまう。

②の場合、たとえば〝底値百日〟の大保合では、材料は無視されてしまう。なぜなら、大手筋も痛手を受けていて新規の売買が少なくなっているからだ。もちろん、各取引員ごとに店内（懐・ふところ。店内の取組）は違っている。表は売り越しでも客筋は買いになっているかもしれないし、その反対のこともあるだろう。しかし、客筋はたいがい万年強気だから、下がったときは客筋が姿を消し、その後は地場筋の小競り合いとなる。そこに好材料が出現すればワッと買われるが、一時的に上がるだけでまた下がってしま

う。そんな状態なのだ。

保合の背景は、このような状態だ。したがって、ナンピン商いに材料は不要。材料など聞き流していればよい。

第四　自分の懐と相談のこと

戦争するときには、敵の数を調べた上で味方の数を確認し、勝算がついてから火花を切るべきだ。ナポレオンのように少ない人数で敵の大軍を破った事実もあるが、それはナポレオンが敵を分散させる戦略を取り、自己の全軍で分散した敵の小部隊を破るという戦法を繰り返したからだ。

ナンピンも同じで、敵の兵数すなわち値幅と、味方すなわち自己の資金を知らなければならない。「高値××円、安値××円、これを△円引かされるごとに玉を▽枚ずつ増やしていく」「××円幅で××円の資金が必要」というように、自分の資金をよく考えて計画を立ててから行うべきである。それなのにほとんどの人は、資金についても値幅についても株数についても、すべて行き当たりばったりで売買するから、途中で失敗してしまうのだ。

第五　似て非なる保合

ナンピン売買は保合相場に最も良いと述べたが、似て非なる保合相場があるから気をつけなければならない。その例を挙げてみよう。

強弱それぞれの仕手がいて力が伯仲し、結果として相場が保合ってしまう場合、表面は波静かな保合に見えても、その静けさは嵐の前の静けさで、非常に危険な状態なのだ。普通、こういう危険な保合では取組が多いものだ。大手の連中が互いに敵となり味方となって、大勝負になってしまっていることが多い。こういうときは一時的には保合っていても、どちらか一方の状況が悪くなって一方的な動きが始まることがある。昔から、大相場は「踏み」と「投げ」でつくられるといわれている通りになるのだ。

しかし保合中には、その後どちらの方向に動くかはわかりにくい。いや、わからないのだ。だから、こういう保合になったら触わらぬ神にたたりなし、ナンピンを仕掛けてはならない。

もう一つの「似て非なる保合」は中間保合、つまり、上げ相場の途中や下げ相場の途中で一服するときにみられる保合である。

上げ相場の途中では時々、一ヵ月以上も保合うことがある。しかし上げの途中で相場がひと呼吸入れているのだから、やがて大きく上放れするのは明らかだ。毎日毎日、小動きで市場が気を腐らせていると、いきなり上放れする。保合が長引いていればいるほど、あとの上放れが激しく、爆発ともいえる動きになる。こんなときに見誤ってナンピン売りすると、大ケガをしかねない。注意しなければならない。

第六　大勢の転換に注意

保合におけるナンピン商いほど妙味のあるものはないが、実は大敵がある。それは「大勢の転換」である。

保合に慣れてしまうと、「今度の上げは保合中の上げだからナンピン売り上がり」とか、「この下げは少し大幅だが保合の中の下げだからナンピンで買えばよい」と安易になる。これがうまくいっているうちはよいが、いつの間にか保合を放れて上げなり下げなり、一方に大きく動き始めると大変である。ハッと気がついたときにはもう取り返しがつかず、引かれ玉を背負い込んで抜き差しならなくなってしまう。よって、保合でナンピンするのはよいが、常に注意を怠ることなく大勢の転換に注意しなければならない。

第七　大きな材料が出現したら手を引くこと

いままで書いてきたように、ナンピン商いは保合相場に限るのである。そして、材料や人気に対しては無関心でいなければならない。しかし、いかに材料や人気に無関心とはいっても、大勢を転換させるような材料に対してだけは直ちに対処しなければならない。なんといっても大勢の転換はナンピン商いの大敵であるから、直ちに降参して手を引くのだ。少しくらい損が大きくても、かまっている場合ではないのである。

第三項　ナンピンと似て非なる商い

外見はナンピン商いに似ているが実はナンピン商いではないという、〝えせ〟ナンピンも多い。これについて松辰は、次のように述べている。

公益上の商いとナンピン商い

△第一の場合（公益上の商い）
　高いとき　売り
　安いとき　買い
△第二の場合
　ナンピン

以上の二つは似ている。

○第一の場合は国家の公益を害するような相場で、その動きに逆らう売買だ。第二の場合は、商いをするごとにいつも相場に逆らっている。

○「相場に逆らう」という点は似ているが、本質は全く違っている。その相違点は次のようである。

① 公益上の商いは、「公益を主眼として」相場に逆らっている。しかし、ナンピン商

いは公益を無視している。つまり、根本的に違っているのである。

② 公益を考えた商いでは、天井を打って下落し始めていたとしても、なお相場が公益上害ありとみられる居所ならば追いかけて売ってもよい。だから底入れして上がり始めていても、公益上まだ安すぎるならば追いかけて買い増しするのだ。しかしナンピン商いでは、このように追いかけることができない。

③ 公益を主眼とする商いでは、上げかけを買い、下げかけを売るのだが、ナンピン商いでは、そういう場合は（絶対無いとはいえないが）まずないのである。

『三猿金泉録』とナンピン

○三猿金泉録の中に

強気弱気の秘伝として
一割半下げにより買い
一割半上げにより売り

とある。これもまた、ナンピンに似ているがそうではない。

三位式商いとナンピン

◯　本間宗久翁による「二つ仕舞い」「三つ十分、四つ転じ」という名言は、前述したとおり。この「三つ四つ」はナンピン商いに似ているが、やはり似て非なるものだ。

◯　要するにナンピン商いは、仕掛ける時を選ぶことが大切なのである。

上記の説明のうち『三猿金泉録』の言葉はわかりにくいので、それを説明しよう。

本にはよく、「三割高下には向かえ」と書かれている。昔の米の相場ならば三割の高下に向かっていたら儲かったかもしれないが、今の株式では銘柄によっては三割では収まらない。そこで文字通りに解釈せず、「一定の割合で高下しやすい」と認識すべきだ。だが一定の割合とは果たして株価の二割なのか三割なのか、それは銘柄によって異なっているのだからはっきりと決めることなどできない。とにかく「ある割合」で高下するとして、その中心点より高ければ売り、安ければ買いだというのである。つまりこれは「相場の居所を考えて商いせよ」という意味で、本間宗久翁の「三位の伝」と考え方は似ている。

【注】この本は、一九三七年（昭和十二年）に発行されたもの。したがって具体的な数字ではなく、価格の変動率は「時代や市場によって異なる」と理解するべきである。

第四項　近代的な商い

完全なナンピン商いとはいえないが、ナンピンの変形というか応用のような商いがあちこちに見受けられるので、これを紹介しよう。

景気循環説応用の株式ナンピン

景気は循環するといわれ、一説には一〇年で一巡するともいわれているが、循環する年数が決まっているわけではない。だが、この循環を利用して売買することはできる。

現在の経済学では、すべての物価というものは、ある中心点を基準にして高下するというのが定説になっているようだ。また、松辰が明治四十一年の期米の大買い占めに敗れたことを解明するために研究したところでは、米が一定の中心線を基準に上げ下げしている性質を株式市場にも当てはめて、一〇年、一五年の長期にわたる株式のナンピン商いをする富豪連中が存在するといわれる。こういう商いは商品市場には見受けられない。商品では、金利、倉庫料、品傷みなどの関係で長期の手持ちができないからだ。

しかし、株式などの有価証券では配当金を受け取りながら何年でも手持ちできるので、景気の循環のような長期周期を利用してのナンピン商いがみられるのである。

ナンピンに似て非なるツナギ売り商い

ツナギ売りは商品市場よりも株式市場で盛んに見られるもので、相場が下がると思ったときに手持ち株を売らず、先限を売っておくというやり方である（当時は個別株の先物取引があった＝編者注）。

相場が下がれば売り玉は利益になるが、手持ち株は下がる。だから、持ち株と売り玉の数量が同じならば財産上はプラスマイナスが発生しないのだが、売り玉を建てることによって持ち株が値下がりする危険を避けることができる。また仮に相場が上に行ったとしても、売り玉が損になるかわりに手持ち株が値上がりするのだから、差し引きで損は出ない。市況の上げ下げに応じてつないだり外したりして儲ける、つまり売り玉を操作することで手持ち株のコストを下げていくやり方を、ツナギ売りというのだ。

以前は、こういうツナギをやるのは証券会社などの業者に限られていた。ところが最近は、一般の投資家も行うようになった。主に、資本家と呼ばれる人たちだ。

彼らはいろいろな労働問題を煩わしいと感じて事業に直接携わるのを避け、その代わりに株式を持つほうがよいと考えるようになった。そういう大株主たちは持ち株を管理する投資会社をつくり、専門の人間を置いて事務的に管理させることを始めた。しかし、その担当者は相場師ではないから、たとえば××円まで上がったらツナギ売りを行い、××円まで下がったらツナギ玉を外す（買い戻す）というような内規をはじめから作って売買しているようである。

これはナンピン商いの性質を帯びたツナギ商いで、純然たるツナギ売買ではないし、また完全なナンピン商いでもない。その中間をいくものとして注目に値する。

ナンピン商いの仕方に新研究

株式市場におけるナンピン商いに、もう一段の工夫を加えてみたらどうだろうかと私は常々考えていた。そして松辰の死後、

① 売りナンピンと買いナンピンはどちらが有利なのか
② 本間宗久『相場三昧伝』を応用したら、どうなるのか

という二つのことを思いついた。

まず、売りナンピンがよいか買いナンピンがよいかという問題だが、理論上はどちらでもよいはずだ。しかし少なくとも株式の短期市場においては、買いナンピンは日歩を払わなければならないのに対して、売りナンピンは反対に日歩をもらえるのだから、ナンピン商いは売りナンピンのほうがよいといえよう。

では、原則通りに売りナンピン方針をとるとして、宗久の「二つ仕舞い、三つ十分、四つ転じ」を応用してみたらどうなるのだろう。上げ相場の第一段と第二段は上伸力が相当に強いものだから、逆らって売りナンピンを行うのは危険であろう。それに『松辰遺稿』に書かれている「国益主義」の考えからいっても、上げ相場の第一段と第二段は国民

経済上有害なところではない。

しかし、第三段の上げ相場は国民経済上、有害なところである。だから売っていくわけだが、上げ相場が第三段に及ぶと、騰勢が鈍くなるものの上げ下げの幅が大きくなってくる。だから新高値を狙っては売るのだが、押したらすぐ利食いというように早めに手仕舞いする。利食いを早めにする理由は、もともとナンピンは玉を長く持つものではないことと、上げ下げの動きが激しいときだからである。

安全を第一に考えれば、第四段階に進んだとき、はじめて売りナンピンを行えばよい。だが、第四段階まで行く相場はそれほど多くない。それに第四段階においては、ナンピンするよりはむしろ宗久の「四つ転じの理」によって、ドテン売りすべきところだと思えるくらいなのだ。

第五項　ナンピン商いの一般商工業への応用

ナンピンという言葉は相場用語なのだが、一般の世界では「平均法」として、さまざまな分野で使われている。進歩した商業会計においては原価計算で使われる。

たとえば紡績会社において、手持ちの原綿は過去に何回にもわたって仕入れたものであるし、仕入れごとに分量と価格が違っている。だから現在、倉庫にある原綿がどれくらいの単価になっているのか、製品をいくらで売ればどれくらいの利益になるのか、といったことがはっきりしない。そういうとき、平均法（ナンピン法）を用いて原綿の仕入れ分量と仕入れ価格を帳簿から抜き出して平均すれば、平均の原価が求められる。

これを相場で用いるのがナンピンと呼ばれるもので、名称は変わっても考え方は同じなのである。なお、平均法が使われている分野はほかにもいろいろあるだろうから、読者も考えてみてほしい。考えることが、相場におけるナンピンをより質の高いものにする効果があるはずだ。

第三章　買い占めの心境変化論

第一項　買い占めの研究よりも買い占めに至るまでの心境の研究が必要

『八木豹の巻』では買い占めについて、次のように論じている。

現物や清算取引での買い占め、現物を手持ちした状態での売り崩し、あるいは突発材料を意図的に流して皆をだますといった行為が見受けられる。また相場の流れに逆向かいして偉ぶっても必ず勝つものではないし、またそういう人を偉いとは認められない。

以上の説に対して松辰は、次のように言っている。

○　そもそも買い占めは、昔から禁じられていることだ。また買い占めが成功したとしても、最終的に利益を得た者は一人もいないといってよいほどである。
○特に商品市場においては、買い占めが大成功したように見えても、その異常な高値で渡された現物の価格を考えると、買い占めによる利益の評価は相対的に低くなってしまう。
○もし、買い占めの途中で資金が続かなくなって投げ出すことにでもなれば、市場の建て玉とそれまでに受けた現物で二重の大損となってしまう。
○このように買い占めというものが結局失敗するとわかっていても、いまでも時々、買い占めが行われるというのは、はじめは買い占めをするつもりはなく単なる思惑で買いに入ったものが、いろいろな事情で買い占めに変化してしまうのではないだろうか。

過去にあった多くの買い占め事件には、面白いものもあった。野城氏の書いた『商機』という本には、「天下の糸平」が政府と共謀して行った米の買い占めで、いろいろと奇策を用いたことが書かれている。また「雨敬」氏や「糸平」氏が取引所とグルになってのドル買い占め事件では、取引所が増し証拠金を取る際に売り方に対しては小切手を断った。しかし買い方は、柳行李（注）に現金を入れてあるように見せて実はカラだった、などというごまかしを行った。つまり買い方は、カネがないのにあるように見せかけたのだが、そんな不正行為までしたのに結果は失敗だった。

【注】　柳行李（やなぎごうり）　背の低いコリヤナギの枝を編んで作った行李（こうり）。行李とは、衣類入れなどに使う四角い箱。

買い占めは成功しないとわかっているのだから、行きがかり上やむを得ずに買い占めを行うのだ、と松辰は言っている。ちょうど西郷隆盛が西南戦争を起こしたようなもので、隆盛はもともと朝廷に恭順であり、しかも負けるとわかっていたが、私学校の生徒たちに引きずられてやむなく西南の役を起こした。そして、賊名を着せられたまま城山で死んだ。これは行きがかりで買い占めをしたのと同じようなものだ。

こう考えてみれば、買い占めそのものの研究よりも、そうしなければならなくなった経緯と心境の変化の研究のほうが大切ではないか、と松辰は言っている。そして、こういうことは経験した者にこそわかることで、松辰の言葉はとても貴重だと思われるのだ。

以下に、あらためてそれを述べよう。

第二項　買い占めへの心境の変化についての松辰の研究

松辰は続いて、次のように述べている。

○　普通の商いでも多量になると変化していく、という道筋から話を始めよう。

まずは、普通の商いが解けていく道筋について。

〔第一の場合〕

○　相場が次第に下げていき弱材料が続出して売り人気が出てきたとき、弱気の人が多くなることはよくある。

○　そういうとき、ナンピンで買い下がる人がいる。さらに、いよいよ底をつけてから買い増していくので知らず知らずに買い玉が増え、気がつくと相当大きな買い玉になっている。

○市場の人気は弱いのだが、売られ続けていくうちに売りものが薄くなっていく。そのうちに弱材料か強材料のどちらかが出て、つまり何かのきっかけで動くのだが、人気が弱いために新規に買う人は少なく、売り玉を利食う人が買い戻した結果として上がることがある。

○だから大量に買った人も、その買い戻しに向かってわずかでもいいから利食おうという気持ちになる。こうして解けていくものである。

〔第二の場合〕

○相場が保合っているとき、弱材料の出現を機に買う人がいるが、保合で商いが薄いのだから多くは買えない。だから、少しずつ買っていく。

○保合といっても少しは動くのだから高いときに売るが、やはり商いが薄いから少ししか売れない。だから安いときに買う数量のほうが多くなってしまう。

○保合を放れて上がってくると、先に買った玉を利食いする。そして、買い玉のすべてを利食っていく。

普通の商いが多量の商いに変化していく道筋

次に、普通の商いが多量の買い玉に変化していく道筋について話そう。

本間宗久による「二つ仕舞い、三つ十分、四つ転じ」の段階で説明すると、買い玉を仕込むには下げ末期の「三つ十分」のときがいちばん良いと思われる。「四つ転じ」のときは底値近くになっている上に売りものが薄くなる関係から、予定したほどの数量を買えないことが多いのだ。しかし「三つ十分」のときは、まだ売りものが多いからたくさん仕込むことができるし、もう底値に近いので仕込み場に適しているといえる。

ちなみに、「三つ十分」の前の「二つ仕舞い」の段階で買い始める場合、買う当事者が「今は時期としては早めで、これから三段、四段とある」ということを自覚しているのなら問題はない。しかし、不幸にも第二段を第三段か第四段と見誤るとか、いままで売り方で大きく利益を得て気が大きくなって予定以上の買い玉を持ってしまうとか、そのほか何かの事情で予定をはるかに超えた大量の玉になってしまうことがあるので注意が必要である。

普通の買いが買い占め行為に変質する道筋

理由は別にして、大きな買い玉を持ったあと周囲の事情がますます悪化し、さらに買い増ししていかない限り暴落を免れないという境遇に陥ってしまった、という状況を考えてみよう。

この場合、資金が少ないならば一気に投げるなり少しずつ損切りすることで、なんとか片付くだろう。逆に資金が豊富にあるために持ちこたえが利き、下げるだけ下げさせてまた買い直すくらいの忍耐があるならば、なんとか苦境を切り抜けることができる。しかし、中途半端な資金しかない仕手の場合、最も進退に窮し迷うことになる。こういうとき、まず考えるのは取組の状態である。

通常、全取組の一〇分の一から一〇分の三くらいは現物のツナギ売りである。だから買い方が、「強力に買えば必ず踏んでくる」と考えても、思う通りにはならないものだ。市場では買えば買うほどそれだけカラ売りが増えていく。そして、ついにはつけろ買いを行うなど感情的にもなり、次第に買い占め的な状態に変化していくのである。

以上の松辰の説明は、松辰自身の多くの体験に基づいた研究と思われる。非常に貴重な研究であって、この研究と読者自身の経験を照らし合わせて考え、転ばぬ先の杖にしてほしい。

第三項　銀行からの融資は買い占め失敗の徴

松辰は続いて、次のように説いている。

○すでに普通の思惑でなく買い占めになってしまったときでも、買い付け代金がすべて自己資金ならば破綻するようなことはないだろう。しかし少しでも銀行の融資があるか、近い将来の資金繰りを案じて融資を受けようという気持ちがあるのならば、すでに買い占めの失敗を覚悟しなければならない状態である。

○なぜかというと、いつも取引している銀行ならば担保の掛け目を八割くらいに設定するが、買い占めをやっているという噂だけで掛け目が七割、六割五分という具合に落ちていき、しかも多額の新規融資をしなくなってくる。だから現物を受けて、その現物を担保に借り入れるということが、次第にできなくなってくる。こういった悪循環を、あらかじめ考えておかなければならないのである。

関西鉄道買い占めに松辰の売り崩し

買い占めにおいて銀行の存在は、とても重要である。その実例を挙げよう。

ある時、筆者（忠次郎）は兜町の古老から、昔の関西鉄道の買い占めについての話を聞いた。そしてその買い占めにおいて松辰が、上昇途上の吹き値を狙って猛烈に売ったことがある、という。夕食の時、そのことについて松辰に、「どうして、その買い占めに売り向かうチャンスがわかったのですか」と尋ねた。すると、笑いながら次のように答えてくれた。

「関西鉄道株の買い占めは、どうも無理をしているようで失敗するのではないかと思っていた。だが、買い占め派の勢いがとても猛烈なので時期が来るのを待っていた。そのうちに、買い占め派が銀行から融資を受けていると聞いたので、もう買い占め派の最後も遠くないだろうと思い、探るために少し売ってみた。すると、意外にも相場が言うことを聞きそうな様子だったので、追いかけ追いかけ売り浴びせた。探りで売ってみたのが偶然、一番天井になった」

買い占めと銀行の関係は切っても切り離せないものだ。世間の記憶も新しい大正十一年の大阪石井定吉氏による新鐘（しんかね、鐘紡の新株）買い占めでも明白だ。また明治三十一年の本庄伊太郎氏と横山源太郎氏による北海炭鉱株の買い占めでは、これらの買い方と売り方の大手である今村氏が、どちらが先に銀行に駆けつけるかという競争をした、と野城氏著の『商機』に書かれている。

とにかく買い占めには銀行がつきもので、買い占め派が自己資金で活動しているうちは無事でも、銀行から借りた資金を使うようになれば、もはや失敗は時間の問題とみてよいのだ。

第四項　買い占めで連合軍組織は失敗のもと

何人かで集まり、秘密で買い占め連合を作ることがよくある。こういう買い占め連合について松辰は特に書いてはいないが、大体において失敗する。

その失敗の原因は主に、以下の二つである。

①　秘密が外部に漏れやすい

②　成功しそうになると裏切り者が現れる

買い占めの計画が外部に漏れるようでは、成功はおぼつかない。売り方（敵）に裏をかかれるに決まっている。ことに銀行との関係が世間に知られてはいけない。多人数で事を行う場合は個人的に行う場合よりも、秘密が漏れやすいのである。したがって、買い占め連合など愚の骨頂といえよう。

二つ目の裏切り者は、内部で起こる不平不満が大きくなって崩壊していくという、お決まりの道といえる。何事も外部から簡単に押しつぶされることはなく、内部から壊れていくものと決まっている。内閣でも政党でも、外部からの圧力ではなかなかつぶれない。しかし内部において人の和を欠くと、たちまちつぶれる。買い占め連合でも、はじめのうちは各人の利害関係が一致していて気が合っているのだから統制もよく取れ、作戦も筋書き通りにうまくいく。だが、次第に買い占めが進行し成功が目に見えてくるようになると、この成功は自分の力によるものだとそれぞれが考え始める。ともに戦ってここまできたという気持ちなどなくなり、「自分が自分が」という自分勝手な思いが強くなってくるのである。

そのうち仲間の一人が異論を抱き、表面は同調しているものの心の中では反対して、こっそりと単独行動を取るようになる。たとえば、誰にも知られないように自分の玉を利食いしたりするのだ。そういった行動が度重なると仲間にも知られ、統制がとれなくなって買い占め連合は瓦解してしまうのだ。

ほんとうに親しく信頼し合っている仲間ならば大丈夫だろうという人がいるかもしれないが、いかに結束が強くても感情は動くもので、利益のためには友を売る者が出ても当然なのである。固い団結を誇る買い占め連合でもアリの一穴から崩れていくものだ。

それ故、原則として数人が合同して行動する買い占め連合は、有終の美を飾ることができないのである。

松辰が米の買い占めをした時、当初は松谷元三郎氏と一緒であったが、途中から松谷氏が売り方に回ってしまった。これが世の常だろう。

浜野茂氏（現在は丸の内の浜野商事株式会社社長）は、松辰とは友人でも息子である筆者（忠次郎）とは直接の関係がないのに、松辰が危篤との報を受け二〇年ぶりに訪ねてこられ、しかも病気見舞いとして大金を差し出された。浜野茂氏のような人格者は非常に少ないもので、普通は松谷氏のように途中で友を裏切るものと思っていたほうがよい。

第五項　雑株の掘り出し物に、二、三の店が猛烈買いする場合

雑株では、会社の内容が何かの事情で急に好転したにもかかわらず一般にはあまり知られず、二、三の店だけが中心になって買っている、そんなケースがある。価格が暴騰し会社の内容好転が一般に知られてからも、買い方の主力は依然として以前からの数店と

いったことさえもある。

一例を示そう。大正の終わりから昭和の初めにかけて、時価三〇～四〇円だったニチロ漁業株が暴騰して一五〇円を超えたことがある。原因は対外為替相場の暴落と大豊漁だったのだが、初めのうちは誰も気に留めなかった。そんな状況下、二、三の店だけがニチロの好業績に気づいて買い進んだ。この好業績が知られるようになり、大衆が遅ればせながら買い出動するようになっても、依然として初めから買い進んでいたその二、三の店だけが買いの中心だったのだ。

この事情通の数店はお互いに連絡があるわけでもなければ、連合して買い占めを行っていたのでもない。ただ買い付けの量が、他の店より特に多かったというだけなのである。

しかし、買い進んでいる勢いの割には相場が伸びないように思われた。株価が一五〇円だと配当利回りは一割で、まだ買い余地は残っていた。しかも、来期も来々期も同額の配当を継続できる見込みが十分にあったのだ。にもかかわらず株価はそれ以上は伸びず、ついに暴落したのである。

なぜだろうか。

本間宗久の『三位の伝』からいえば、主要店側が盛んに買っているときが第一段の上げ時代、群衆買いが出てきたときが第二段の上げ時代である。初めに買っていた主要店は、この第二段が終わる前に利食い売りに出るのが当たり前である。それなのにこのケースで主要店は、第二段がまだまだ続くと判断し、続けて買い進んだ。

ところが実際は、経過を冷静に見ていた連中が第三段に入ったと判断して買わなくなり、主要店が買い続けているのに向かって売り始めたのだ。彼らの心中には、「買い主力店の気変わり（この場合は強気から弱気への転換）が恐ろしい。なにしろ玉が大きいのだ。こちらも早めに売らなければ」という考えがあったのだろう。とにかく、続けて売りものを出してきた。こうなってしまうと、配当利回りで買い余地があろうが新聞が新規材料を書き立てようが、相場はもうおしまいなのである。

つまり、主要店は転換が遅すぎたのである。相場では皮肉なことに、好材料が反落のきっかけになるということさえある。主力の買い方は遅れたと気がついて焦りが出たから、なお地合いを悪くする結果となった。

こういうときは、ケタ外れに割安な居所までこないと株価が下げ止まらないものだ。利回り採算など、全く役に立たない。相場の人気というものの恐ろしさである。理屈ではなく、肝心の買いの手が出てこなければどうにもならないのである。

私の知り合いで、某大会社の株をほとんど単独で持っている人がいる。その会社の業績は良く、もちろん配当利回りも申し分ない水準だ。しかし株価は、下がるわけでもないが、常に低い水準にある。調べてみると上がらない原因は、世間の人たちの認識にあった。「一人で株を持ちすぎている。その大株主の気が変わって売りに出たりしたら、それこそ大変……」ということだった。これが原因で、新たな買い手が現れないのである。

買い占めとは違うのだが、これらの状況は買い占めと同じように買い手が偏ったときの落とし穴として、心に留めておく必要があるだろう。

第四編　結論

特に大手筋へ松辰から望むこと

○　相場界において大手となり旗頭となれば、その一挙手一投足は市場の内外を問わず、衆人が常に監視してる。

○　その売買の成否はその一個人だけでなく、直接または間接的に社会一般に対しても利害が及ぶものだから、進退については十分に注意を要する。

○　よって商いのはじめから、途中で玉を維持しながら増減する期間も含めて完全に手仕舞いするまで、公益を主とし私欲を従としなければならない。

○　知らず知らずにであっても公益を害する商いや失敗することがあれば、人の鏡となる身であるにもかかわらず人の戒めとなるのだ。

○　常にこれらのことを考えておくことが、大切なのである。

さらに松辰は、自分で行った買い占めの経験から、買い占めに失敗した者がなかなか再起できない理由を次のように挙げている。

○　株式でも商品（米）でも、とにかく買い占めに失敗した者は、その後なかなか利益を上げることができない。その理由は、次の四つであろう。

①『八木虎の巻』からみると、自然の理によって上下する相場を私利私欲によって破壊した。

②『商家秘録』の教えにも、「仁義礼智信」（儒教でいう五常の徳、人が守らなければならない五つのルール）にも背いた行動であった。

③　買い占めは公利公益を害するということを知りながら、自分の利益を優先させた。

④　そもそも、たとえ成功したとしても共存共栄という結末でなく、正反対の共亡共滅ともいえるような結果になってしまう行為だ。

買い占めを行ったということは、昔の本に書かれている大切な心得を破ったということである。だから、良い結果が得られなかったのである。

○　初めは買い占めをするつもりでなかったのに買い占めになってしまう原因は、やはり日常の生活においてほんとうの慎み、すなわち心の修行が足りなかったということだろう。それは室鳩巣（注一）が言うところの「武運の稽古」（注二）が足りなかったためであろう。

【注一】**室鳩巣**《むろきゅうそう》　江戸中期の儒学者（一六五八―一七三四年）。名は直清。江戸の人。木下順庵に朱子学を学び、加賀藩の儒官、のち新井白石の推薦で幕府の儒官となり、将軍吉宗の侍講。『駿台雑話』『六諭衍義（りくゆえんぎ）大意』『赤穂義人録』などの著書がある。（広辞苑）

【注二】**武運の稽古**　松辰は室鳩巣が好きらしく、「武運の稽古」にまつわる話は本書の第二章「相場運の開拓」にも出てくる。その部分を、以下に再掲する。

門人から質問が出た。

「先生の仰せですが、武運の稽古とは何だかわかりません。人力の及ばないことだからこそ、武運というのではありませんか。もし稽古で武運が得られるなら、誰だって稽古をするはずです」

すると翁は、「いや武運こそ稽古が必要なのです」と答えた。質問した門人が「ならば、その理由を説明してください」と聞くと、翁の答えは次のようだった。

「皆さん、よく考えてごらんなさい。運は、天から来るのです。『運は天にあり』などといわれます。とにかく、天に祈るしかないのです。天の心にかなおうとするならば、天が何を望んでいるのか、何を嫌っているのかを考えなければなりません。私が考えるに、天は仁を好み、不仁を嫌い、信を好み、不信を嫌います。ですから人は仁と信があれば、天の心にかなうことができるのです。天の心にかなえば、天の保護があります」

――松辰遺稿「相場の道」現代語訳注、終わり――

あとがき

林投資研究所
林　知之

『松辰遺稿』の原書は、以前からずっと林投資研究所の本棚に置いてあった。非常に古い本で、それだけで貴重だということを感じさせる雰囲気を放ち、布をかけて箔押しされた表紙からは、心を込めて丁寧に作られた本であることが想像できた。

しかし本の背表紙は長い年月が経過したために紙がはがれてしまい、さわるのをはばかるほどの状態で、逆にだからこそ読んでみたいと私は感じ、一枚ずつゆっくりとページをめくってみた。しかし言葉が古すぎて、理解できない――。少しの間、眺めただけで棚に戻し、自分には関係ないものと認識して忘れてしまっていたのである。

しばらくすると、父の林輝太郎がこの本を読み始めた。そして「現代語訳注を研究部会報に連載する」と言う。心が踊った。あの本の内容を読めるんだと。

現代は情報化社会だといわれる。しかし短時間で情報を集めたときほど違和感を覚える。その理由が最初はわからなかったが、さまざまなことを経験するうちに、ついに答えを見つけた。実に単純なことで、情報が増えることで選択肢が広がりすぎてしまい、決断や判断ができない状態に陥るのである。情報が一方的かつ強引に流れ込んでくるほど、逆に思考停止の状態になるのが人間の一般的な反応のようだ。許容範囲を超えて〝ブレーカーが落ちる〟、ごく自然な自己防衛作用なのかもしれない。

だから情報は選別されなければならないし、最も大切なのは、その選別のためのフィルターを構築することである。つまり周囲に流されず、自分の姿勢を積極的に決めて自ら進むということだ。こういう自立した状態が確立できれば、情報なんて怖くない。むしろ大歓迎だ。情報の量がいくら増えても、きちんと処理して自分の道を進むことができる、つまり受信した情報を取捨選択し、必要なものだけを〝受け入れる〟ようになるからだ。選別してインプットした情報はゆとりを持って適切に処理することができるから、その情報をかみ砕いて〝自分の持ち味〟を加えたオリジナル情報をアウトプットできる。こうやってアウトプットされた情報こそ価値あるものであり、目まぐるしく動くマーケットで行動を決断するために唯一、正しく機能するものであるはずだ。

『松辰遺稿』のような古い本に出会う機会は、めったにないだろう。この貴重な機会に芽生えた新鮮な気持ちは、少なからず情報に振り回されている現代人の脳をリセットしてくれる効果があると思う。現代語訳注を行った林輝太郎は読者の受け止め方を心配したが、現代を生きる投資家があらためて自分のトレードを見つめ直す絶好の機会であり、多くの発見があると私は確信している。

末筆ながら、この本を出版するにあたり多くの人にお世話になったことに感謝し、ささやかなお礼の言葉を述べさせてもらいたい。

一九三七年（昭和十二年）に原著を出版した森山書店の菅田直文氏には、原著者である松村忠次郎氏の情報を尋ねてお手数をかけた。この現代語訳注の出版を引き受けてくれた同友館の菊地公平氏には、多くの時間を割いて編集に携わってもらった。研究部会報に連載している間、マイルストーンズの細田聖一氏には校正作業で、古い時代を想像しながらエネルギーを使っていただいた。そして、連載を支えてくれた林投資研究所のスタッフにも感謝している。

みなさん、私たちの思いを実現することに力を貸していただき、ありがとうございました。

残念だったのは、原著者の松村忠次郎氏あるいはそのご家族について、有効な情報が何も得られなかったことである。そんな状況であったが、この本を世に出したいという気持ちを先行させ、著作権の所在を確認できないまま出版をお願いすることを決断し、林投資研究所から同友館に編集をお願いした。

もし松村忠次郎氏の情報をお持ちの人がいたら、出版社の同友館か林投資研究所まで連絡をいただければ幸いである。

●著者経歴

林　輝太郎（はやし　てるたろう）

大正15年10月17日生まれ

陸軍士官学校第61期生

法政大学、経済学部および文学部卒業

昭和23年　平和不動産株10株を92円50銭で買い、利益をあげたのが初めての相場

昭和30年　東京穀物商品取引所仲買人、隆昌産業株式会社に入社

昭和37年　ヤマハ通商株式会社設立

東京穀物商品取引所の受渡処理委員、資格審査委員および東京穀物取引員協会の理事、監事を歴任

昭和47年　林輝太郎投資研究所を設立

住　所　東京都豊島区南池袋3-18-36　〒171-0022　富美栄ビル502

林投資研究所

電　話　03(5953)8761

URL http://www.h-iro.co.jp

2012年3月2日　第1刷発行
2012年4月17日　第2刷発行

相場の道 一松辰遺稿・現代語訳注

著　者　© 林　輝太郎
発行者　脇　坂　康　弘

発行所　株式会社 同友館
東京都文京区本郷3-38-1
郵便番号113-0033
TEL 03(3813)3966
FAX 03(3818)2774
www.doyukan.co.jp

乱丁･落丁はお取り替えいたします　●制作／trans>act 髙田嘉幸／TSY 林猛夫
●印刷／三美印刷　●製本／東京美術紙工

ISBN 978-4-496-04868-5　Printed in Japan